図解 全銀協の電子債権記録機関
「でんさいネット」による
電子記録債権の実務Q&A

全国銀行協会 電子債権記録機関設立準備室 著

銀行研修社

本書発刊にあたり

　当協会が平成20年3月に「手形代替を前提とした全銀行参加型の記録機関設立に向け、具体的な検討を着手」してから、約2年の歳月が経つ。

　平成21年3月、当協会は「電子債権記録機関要綱」を取りまとめ、4月には記録機関の設立を検討する専担ミッションである「電子債権記録機関設立準備室」を事務局内に設置した。同年7月、当協会は記録機関設立を正式決定し、9月には新会社の名称を「(株)全銀電子債権ネットワーク（通称：でんさいネット）」とし、「銀行の信頼・安心のネットワークを基盤として、電子記録債権を記録・流通させる新たな社会インフラを全国的規模で提供し、中小企業金融をはじめとした金融の円滑化・効率化を図ることにより、わが国経済の活性化に貢献」することを企業理念に掲げ、平成24年5月の開業を目指している。

　平成22年2月には、当協会の正会員銀行以外にも、信用金庫、信用組合、農協系統金融機関、商工中金など中小企業金融の担い手である金融機関もでんさいネットに参加することを表明され、我々が掲げる「信頼・安心の全国規模のネットワーク」の礎ができつつある。

　電子記録債権制度は、平成20年12月、中小企業金融の円滑化を主目的として導入された。

　これまで手形の事務手続や印紙税、保管・搬送等に悩まされてきた事業者や、支払手段を一本化して資金を効率化させたい、あるいは売掛債権を有効に活用したい事業者にとっては、新たな決済手段として期待する声が非常に大きい。メガバンクでは、先発組として相次いで記録機関を設立する動きがあり、電子記録債権そのものへの社会的な認識も徐々に高まりつつある。

このように、電子記録債権は、単に手形を代替するものとして期待されるだけではなく、売掛債権等が抱える問題を克服した高度な流通性を有する新たな決済手段としても期待されている。平成20年度の企業が保有する受取手形の残高が約29兆円、同売掛金が6倍の約180兆円であることからも、この分野における電子記録債権の将来的な可能性は非常に大きいと感じる。

　本書は、そうした未来のある電子記録債権について、是非、全国的規模のネットワークであるでんさいネットを通じて活用してみたいと思う事業者の方々、あるいは電子記録債権を提供する金融機関の方々のために作成された入門書である。平成24年5月の開業まで約2年が残されているが、わが国においてでんさいネットが、真の意味で社会インフラとして認められるためには、電子記録債権を取り扱う金融機関ならびに事業者から正しく理解され、絶大なる信頼を得る必要がある。まずは、関係者のご協力を得ながら、電子記録債権の利用促進に努めていくことになるが、本書がその一助になれば幸甚である。

全国銀行協会　専務理事 和田耕志

〔執筆者一覧〕

松本　康幸（電子債権記録機関設立準備室長）	
遠藤　泰樹	岩本　正純
堀川　佳宏	榎本　哲也
佐藤　満	秋田　純也
大野　正文（業務部法務担当）	高倉　裕一
山口　修	北園　陽一郎
石川　裕	吉原　康之
	磯貝　仁美

Contents

第1章 電子記録債権制度とは

Q1．電子記録債権とは何ですか？ ……………………10
Q2．電子記録債権制度ができた背景と立法経緯を
　　教えてください。……………………………………12
Q3．電子債権記録機関の役割は何ですか？ ……………14
Q4．電子記録債権法では、取引の安全は
　　どのように保護されていますか？ …………………16
Q5．手形はなくなってしまうのですか？ ………………18

第2章 でんさいネットとは

Q6．全銀協が電子債権記録機関「でんさいネット」を設立
　　するに至った経緯を教えてください。………………22
Q7．でんさいネットの特長は何ですか？ ………………24
Q8．でんさいネットにおける電子記録債権（「でんさい」）
　　の取引イメージを教えてください。…………………26
Q9．でんさいネットの活用によって、利用者にどのような
　　メリットがありますか？ ………………………………28
Q10．でんさいネットでは、手形と同様の取引を行うために、
　　どのような設計がなされていますか？ ……………30
Q11．「でんさい」は、手形以外の金融取引でも利用するこ
　　とができるのですか？ …………………………………32
Q12．でんさいネット開業までのスケジュールを教えてくだ
　　さい。……………………………………………………34

第3章　でんさいネットの利用方法

Q13. でんさいネットは、どこで利用できるのですか？現在の取引金融機関をそのまま利用できますか？ ………38

Q14. でんさいネットは、誰でも利用できますか？利用するための要件はありますか？ ……………………40

Q15. どのような利用方法があるのですか？インターネットが使えなくても利用できますか？ …………42

Q16. 複数の金融機関で利用することはできますか？インターネットバンキング等利用時の仕様は、金融機関ごとに異なるのですか？ ……………………44

Q17. 利用料はいくらかかるのですか？ ……………46

Q18. でんさいネットの営業日・営業時間を教えてください。……………………………………………48

第4章　「でんさい」の手形的活用

☞「でんさい」の発生（手形の振出）

Q19. 「でんさい」の発生方法とその手順を教えてください。………………………………………………52

Q20. 発生記録にはどのような事項が記録されるのですか？……………………………………………56

Q21. でんさいネットでは、記録の制限はありますか？ …58

Q22. 「でんさい」による支払をあらかじめ予約しておくことはできますか？ ……………………………62

Q23. 取引先の範囲を限定することはできますか？ ………64

Q24.　発生した「でんさい」が当事者間で合意した内容と異なる場合、どうしたらいいのですか？ ……………66

☞「でんさい」の譲渡（手形の裏書）

Q25.　「でんさい」の譲渡方法とその手順を教えてください。
………………………………………………………68

Q26.　譲渡記録にはどのような事項が記録されるのですか？
………………………………………………………70

☞「でんさい」の分割

Q27.　「でんさい」の分割方法とその手順を教えてください。
………………………………………………………72

Q28.　分割記録にはどのような事項が記録されるのですか？
………………………………………………………74

Q29.　譲渡や分割は何回までできるのですか？ ……………76

☞「でんさい」の保証（手形保証・裏書の担保的機能）

Q30.　「でんさい」の保証方法とその手順を教えてください。
………………………………………………………78

Q31.　保証記録にはどのような事項が記録されるのですか？
………………………………………………………80

Q32.　特別求償権とは何ですか？ ……………………………82

☞「でんさい」の記録事項の変更

Q33.　「でんさい」の記録事項を変更することはできますか？
変更方法とその手順を教えてください。……………84

Q34.　変更記録にはどのような事項が記録されるのですか？
………………………………………………………90

☞「でんさい」の支払・決済（手形の決済・手形交換）

 Q35.「でんさい」の支払方法とその手順を教えてください。
   ……………………………………………92

 Q36.決済口座は、手形と同様、当座預金口座に
   限定されるのですか？ ………………………94

 Q37.決済資金はいつから利用できますか？ ………96

 Q38.支払等記録にはどのような事項が記録されるのです
   か？ ……………………………………………98

 Q39.口座間送金決済以外の方法で支払い、
   支払等記録を行うことはできますか？ ………100

 Q40.支払期日に債務者が資金不足となった場合、
   どうなるのですか？ …………………………102

 Q41.分割された「でんさい」のうち、一部の「でんさい」
   のみが資金不足となった場合はどうなりますか？…104

☞「でんさい」の記録内容の確認（開示）

 Q42.「でんさい」には手形のように券面がありませんが、
   記録された内容はどのように確認できるのですか？…106

 Q43.開示請求によってどのような内容を開示することがで
   きますか？大事な取引内容を第三者に知られてしまう
   心配はありませんか？ …………………………108

☞その他

 Q44.「でんさい」は、手形と同様、安心して受け取ることが
   できますか？ ……………………………………110

 Q45.「でんさい」に差押えがあった場合、どうなりますか？
   ……………………………………………112

Q46. 請求内容と異なる内容が記録されていた場合、どうなりますか？記録が改ざんされたり消えてしまったりする心配はありませんか？……………………………114

Q47. 個人事業主に相続が発生した場合、どのような手続が必要ですか？……………………………………………116

Q48. 法人に合併や会社分割が生じる場合、どのような手続が必要ですか？……………………………………………118

Q49. 災害や障害発生時の対応について教えてください。……………………………………………………………120

Q50. 利用者の破産など、利用開始後に利用者要件を満たさなくなった場合、どうなりますか？………………122

Q51. 手形割引のように、「でんさい」の割引をすることはできますか？…………………………………………126

Q52. 商業手形担保のように、「でんさい」を担保として活用することはできますか？……………………………128

Q53. 手形貸付のように、「でんさい」を利用した貸付（借入）はできますか？……………………………………130

Q54. 「でんさい」の会計上の取扱いはどうなりますか？……………………………………………………………132

Q55. 他の電子債権記録機関で発生させた電子記録債権を、でんさいネットで利用することはできますか？……134

第1章
電子記録債権制度とは

Q1 電子記録債権とは何ですか？

A 電子記録債権とは、電子債権記録機関（【Q3】参照）の記録原簿への電子記録をその発生・譲渡等の要件とする、既存の手形債権や指名債権（売掛債権等）とは異なる新たな金銭債権です。

解説

手形や売掛債権に対する電子記録債権の特長は、以下のとおりです。

1．vs 手形

手形は紙媒体を使用するため、その作成・交付・保管・搬送等に手間とコストがかかり、盗難・紛失のリスクもあります。一方、電子記録債権の場合、電子データの送受信等により権利が発生・譲渡され、その権利内容は電子債権記録機関の記録原簿において電子データとして記録・管理されます。このため、手形にかかる手間とコストを削減するとともに、盗難・紛失のリスクから解放されます。

そして、手形にはない電子記録債権の最大の特長は、電子記録債権の一部を分割して譲渡することが可能なことです。これにより、電子記録債権を受け取った事業者は、1つの電子記録債権を分割して複数の支払に充てることができます。必要な金額だけ分割して譲渡や割引をすることができるため、手持ちの債権をより効率的に活用できるようになります。

2．vs 売掛債権

売掛債権などの指名債権を譲渡することは、民法で認められた行為ですが、当事者の合意があれば譲渡できてしまうため、二重譲渡のリスクがあります。一方、電子記録債権の場合、電子的に記録することをその発生や譲渡の要件としており、当事者間の合意のみで譲渡する

ことはできないため、二重譲渡のリスクから解放されます。

また、売掛債権は、譲渡の対象となる債権の存在や、それが誰に属しているのかの確認に手間とコストを要するほか、売掛債権の第三者への譲渡にあたっては、債務者への通知または承諾が必要です。一方、電子記録債権の場合、債務者は記録の確認によって、電子記録債権の債権者を確認することができるので、こうした通知等は必要ありません。

また、売掛債権の場合、債権の譲受人は、権利発生の原因となった売買契約等が無効になったなどの事情を理由として、支払を拒まれることがあります。一方、電子記録債権の場合、原則としてこのような原因債権の事情等を理由として支払を拒むことはできないため（人的抗弁の切断）、譲受人は安心して譲渡を受けることができます。

手　形	電子記録債権
■ 作成・交付・保管コスト	□ 電子データの送受信等により発生譲渡し、電子データで管理
■ 紛失・盗難リスク	□ 記録機関の記録原簿による管理
■ 分割不可	□ 分割可能

売掛債権	電子記録債権
■ 譲渡対象債権の不存在・二重譲渡リスク	□ 電子記録により債権の存在・帰属を可視化
■ 譲渡を債務者に対抗するために債務者への通知等が必要	□ 電子記録により債権の存在・帰属が明確であり、通知等は不要
■ 人的抗弁を対抗されるリスク	□ 原則として人的抗弁は切断

Q2 電子記録債権制度ができた背景と立法経緯を教えてください。

 中小企業の資金調達の円滑化等を図るために創設されました。

「電子記録債権法」は、2008年12月に施行されています。

 解説

　電子記録債権導入の議論は、2003年7月に政府が決定したIT戦略本部決定「e-Japan戦略Ⅱ」にまで遡ります。

　2000年、当時の森喜朗総理が、国会の所信表明演説の中で、IT国家戦略として打ち出し、超高速インターネットの整備を図り、インターネットサービスの低廉化や利便性向上を促進し、公共施設の高速インターネットを整備するとともに、全国民がインターネットを使えるよう一大国民運動を展開しました（e-Japan構想）。その具体策としてまとめられたのが「e-Japan戦略Ⅱ」であり、その項目の一つに「中小企業の資金効率を向上させ、積極的に事業展開」できるよう、「手形の有する裏書や割引機能等を電子的に代替した決済サービス（電子手形サービス）の普及」や「売掛債権を迅速かつ確実に回収できる決済手段であるエスクローサービスの普及を図る」ことが盛り込まれました。

　この背景は、次のとおりです。

　いわゆる金銭債権を活用した事業者の資金調達手法としては、手形や売掛債権の譲渡などがあります。しかし、手形については、企業の事務手続のIT化が進む中、保管コストや紛失リスク等のほか、印紙税等の負担もあり、最近では、手形自体の利用が大幅に減少してきています。一方、売掛債権については、もともと譲渡の対象となる債権の存在やそれが誰に属しているのかの確認に手間とコストを要するほ

か、二重譲渡リスクの問題があり、流通性に乏しく、早期資金化が困難といった課題が残っています（【Q1】参照）。このような課題を克服し、事業者の資金調達の円滑化等が必要との認識から、電子的な記録によって権利の内容を定め、取引の安全性・流通性の確保と利用者保護の要請に応える新たな制度を創設することになりました。

　2005年12月、法務省・経産省・金融庁により「電子債権に関する基本的な考え方」が取りまとめられ、指名債権とも手形債権とも違う新たな金銭債権をつくること、そしてその債権を発生・譲渡・消滅させる機関として、民間企業としての電子債権管理機関（当時の呼称）の設立が盛り込まれ、電子記録債権制度の骨格が決まりました。

　その後、その骨格を具体化するための議論として、法制審議会電子債権法部会、金融審議会金融分科会等での検討が行われ、2007年6月に電子記録債権法が成立、2008年12月に施行され、国策的に制度が導入されました。

　なお、海外では、わが国の電子記録債権制度と類似の制度として、韓国に電子手形制度および電子債権制度があります。これらの制度は、既存の手形自体や指名債権譲渡の対抗要件を電子化するものであり、新たな金銭債権として創設するわが国の電子記録債権制度とは性格を異にしています。

年　月	経　緯
2003年7月	■ IT戦略本部決定「e-Japan戦略Ⅱ」
2005年12月〜	■ 法務省・経産省・金融庁「電子債権に関する基本的な考え方」 ■ 法制審議会電子債権法部会、金融審議会金融分科会等での検討
2007年6月	■ 電子記録債権法の成立
2008年12月	■ 電子記録債権法の施行

Q3 電子債権記録機関の役割は何ですか？

A 電子債権記録機関は、信頼性、業務運営の安定性、公正性・中立性の確保、他業のリスク遮断の観点から、主務大臣の指定を受け、「専業」の株式会社として設立されます。
記録機関は、主に記録原簿の管理や債権内容の開示業務を行う機関であり、電子記録債権の登記所のような役割を果たす電子記録債権制度の中核的な存在です。

解説

　記録機関は、電子記録債権法や記録機関が定める業務規程にもとづいて、記録原簿を備えるとともに、その管理や、記録されている電子記録債権の開示に関する業務を行います。つまり、電子記録債権の「登記所」のような役割を果たしているといえます。

　電子記録債権の発生や譲渡は、記録機関が作成する記録原簿に電子記録をすることが要件とされており、その業務運営にあたっては、高度な信頼性、安全性が確保される必要があります。立法過程における金融審議会の報告書においても、「社会の公器として、公正性・中立性が確保され、国民に信頼される存在である必要がある」とされています。

　また、記録機関が「信頼される存在」であるためには、公正性・中立性といった観点に加え、強固なガバナンスにもとづく業務の適正性の確保や、システムリスクへの対応、継続的に業務を行うための財産的基盤の確保といった観点も重要です。なかでも、金融庁の事務ガイドラインでは、「システムが安全かつ安定的に稼働することは電子債権記録機関及び電子債権記録業に対する信頼性を確保するための大前提であり、システムリスク管理態勢の充実強化は極めて重要である」とされています。

その他にも、事業年度ごとに主務大臣に報告書の提出が義務付けられるなど、業務の適切かつ確実な遂行のため、厳しい監督下のもとで運営されることになっています。

全国銀行協会（以下、「全銀協」）が設立する記録機関「でんさいネット」は、こうした観点に配慮し、全銀協が100％出資する形で設立することとしています。

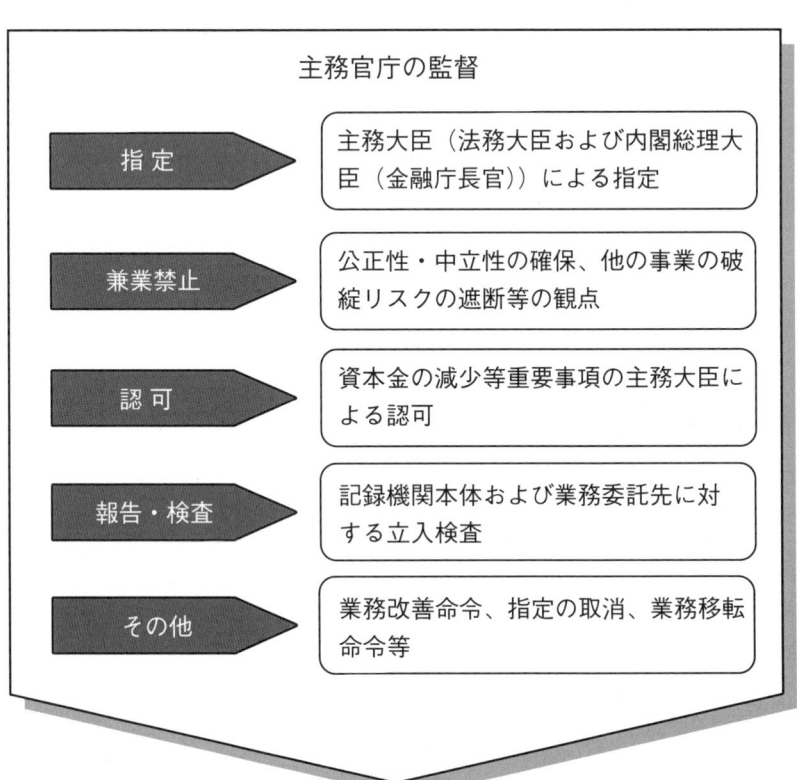

Q4 電子記録債権法では、取引の安全はどのように保護されていますか？

A 権利内容・帰属の可視化、意思表示に関する第三者保護、善意取得および人的抗弁の切断などが手当てされています。

　電子記録債権法では、電子記録債権を活用した資金調達をしやすくするために、電子記録債権の取引の安全を保護し、その流通性を高めるため、以下のような法的な手当てが講じられています。

1．権利内容・帰属の可視化

　電子記録債権の権利内容は記録によって定まるとしており、電子記録債権の内容がどうなっているか、誰が債権者であるかは、記録を見れば分かるようになっています。

2．意思表示の無効・取消の場合の第三者保護

　電子記録の請求において、相手方に対する意思表示が無効とされた場合、または取り消された場合であっても、善意・無重過失の第三者は保護されるようになっています。

3．無権代理人（代理権のない者）の責任の特則

　無権代理人が電子記録の請求を行った場合は、相手方に重大な過失がない限り、無権代理人の免責を認めないこととして、民法よりも無権代理人の免責要件が厳格になっています。

4．善意取得および人的抗弁の切断

　電子記録債権の譲渡について、権利者として記録されている者が無権利者であっても、そのことを知らずに電子記録債権を譲り受けた者は保護されるようになっています（善意取得）。

　また、債務者は、原則として、電子記録債権を譲り受けた者に対し、

権利発生の原因となった事情等を理由に支払を拒むことはできないようになっています（人的抗弁の切断）。

5．支払免責

債務者が債権者に支払をした場合、仮にその債権者が無権利者であっても、悪意・重過失がない限り、その支払は有効であるものとして取り扱われることになっています。

その他、「電子記録保証の独立性」、「電子債権記録機関の責任」などを明確にすることにより、電子記録債権の取引の安全が図られています。

Q5 手形はなくなってしまうのですか？

 電子記録債権は、手形とは異なる新たな金銭債権として創設されたため、現在の手形がなくなるわけではありません。

　企業における受取手形の残高は、1990年度の約72兆円をピークに、2008年度には60％減の約29兆円となっています。この背景には、経済活動の落ち込みもありますが、他方で、同じ企業間信用である売掛金は近年増加傾向にあり、手形の活用を敬遠する傾向が高まっている状況がうかがえます。

　売掛金の残高については、約180兆円（2008年度）であり、受取手形の約6倍の規模になっています。電子記録債権は、手形の代替に限らず、広く売掛債権の代替を果たすことからも、様々な支払手段としての活用が期待されるところです。

第1章 電子記録債権制度とは

[受取手形の推移]

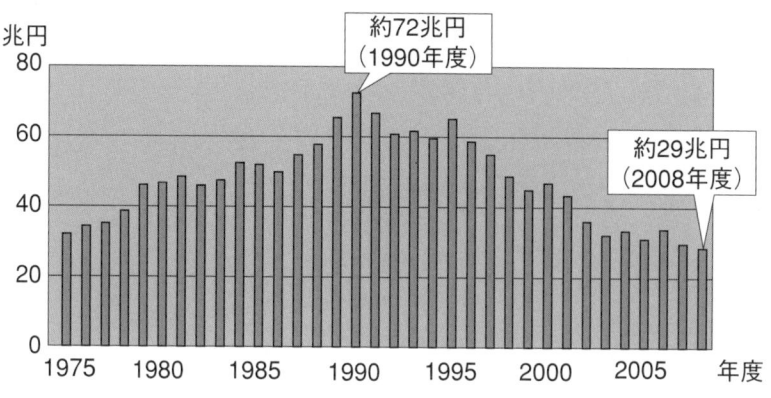

※金融・保険業を除く
(出典:財務総合政策研究所 法人企業統計調査)

[全産業合計の調達・運用(2008年度)]

受取手形 29兆円	支払手形 33兆円
売掛金 180兆円	買掛金 125兆円
棚卸資産 115兆円	所要運転資金 166兆円

※金融・保険業を除く
(出典:財務総合政策研究所 法人企業統計調査)

第2章
でんさいネットとは

Q6 全銀協が電子債権記録機関「でんさいネット」を設立するに至った経緯を教えてください。

A 全銀協では、全銀システム、手形交換所といった決済インフラを企画・運営してきた実績があります。電子債権記録機関についても、銀行界が担うべき重要な社会インフラになり得ると考え、設立を決定しました。

解説

　明治24年、手形取引の普及と信用経済の発展を図ることを目的として、東京手形交換所はスタートしました。その後、全国各地に同様の手形交換所が設立され、これが各地の銀行協会の前身となり、「銀行業の改良進歩を図り一般経済の発展を期することを目的」とする全国手形交換所連合会（後の全銀協）の設立につながります。現在、全銀協では、手形交換制度に加えて、内国為替制度（振込システム）など重要な決済インフラを企画・運営しています。

　手形取引は、そもそも企業間の信用取引であり、銀行の役割は、「利用者間の資金決済に関与し、確実に資金回収できる仕組みを提供する」ことです。電子記録債権取引も手形取引と同様、企業間の信用取引ですから、銀行には同様の役割が期待されるところです。

　全銀協では、電子記録債権制度が今後、現在の手形交換制度と同様、銀行界が担うべき重要な社会インフラになり得るとの認識から、法制審議会、金融審議会の両審議会に銀行界委員を推薦するとともに、法制審議会については意見書を提出（2006年8月）、また、全銀協内の検討部会において「論点整理」を取りまとめるなど積極的な意見を申し述べてきました。

　2007年6月、電子記録債権法が成立し、2008年3月、全銀協は「手形代替を想定した全銀行参加型の記録機関設立に向け、具体的な検討

に着手すること」を盛り込んだ報告書「電子記録債権の活用・環境整備に向けて」を公表しました。その後、利用者ニーズを吸い上げるために「電子記録債権利用推進等懇談会」を立ち上げ、2009年3月、その成果を「電子債権記録機関要綱」として公表しました。

　こうした検討を経て、2009年7月、全銀協では電子債権記録機関の設立を正式決定しました。

　新会社である記録機関の名称は、「(株)全銀電子債権ネットワーク(通称：でんさいネット)」です。

　「銀行の信頼・安心のネットワークを基盤として、電子記録債権を記録・流通させる新たな社会インフラを全国的規模で提供し、中小企業金融をはじめとした金融の円滑化・効率化を図ることにより、わが国経済の活性化に貢献する」ことを企業理念に掲げ、2012年5月の開業に向けて準備を進めています。

株式会社 全銀電子債権ネットワーク

通称	『でんさいネット』
企業理念	銀行の信頼・安心のネットワークを基盤として、電子記録債権を記録・流通させる新たな社会インフラを全国的規模で提供し、中小企業金融をはじめとした金融の円滑化・効率化を図ることにより、わが国経済の活性化に貢献します。
開業時期	2012年（平成24年）5月開業予定

Q7 でんさいネットの特長は何ですか？

A でんさいネットの特長は、「1．手形的利用」、「2．全銀行参加型」、「3．間接アクセス方式」です。

解説

でんさいネットの特長は、次の三点に集約されます。

1．手形的利用

電子記録債権は、手形債権や指名債権とは異なる新たな金銭債権として創設された制度であり、その活用方法については、様々な形態が想定されています。でんさいネットでは、様々な電子記録債権の活用形態のうち、制度の主要な目的である中小企業の資金調達の円滑化に資する最も汎用的な利用方法として、電子記録債権を現行の手形と同様の機能を有する金融手段としてスキーム構築を行うべく、「手形的利用」を主要な取引形態と想定しています。

また、制度の信頼性確保のために、手形の取引停止処分制度と類似の制度の構築準備も進めています。

なお、「手形的利用」といっても、手形の代替手段に制限される訳ではなく、流通性の乏しい売掛債権等への活用も可能となります（【Q11】参照）。

2．全銀行参加型

でんさいネットでは、"既存の銀行間の決済システムを利用し、記録機関と利用者との間に銀行が介在することにより、確実に資金回収できる仕組みを提供することが、電子記録債権の決済における安定性、信頼性につながる"として、「全銀行参加型」のスキームを用意しています。

また、手形制度がこれまで普及してきたのと同様に、電子記録債権

が世の中に普及するためには、利用者にとって信頼・安心のネットワークのもとで、社会インフラとして構築される必要性を強く認識していることも、「全銀行参加型」を指向する大きな要因のひとつです。

3．間接アクセス方式

　電子記録債権制度は、中小企業の資金調達の円滑化を主目的として創設された制度ですが、中小企業の中には、IT環境が十分に整っていないケースも想定されます。金融機関を経由してでんさいネットにアクセスする「間接アクセス方式」では、利用者は現在利用している取引金融機関をそのまま利用できるため、安心してサービスを受けることが可能となります（【Q13参照】）。

　また、金融機関の創意工夫によって、それぞれのニーズにあった金融サービスの提供を実現することができる仕組みとなっています。

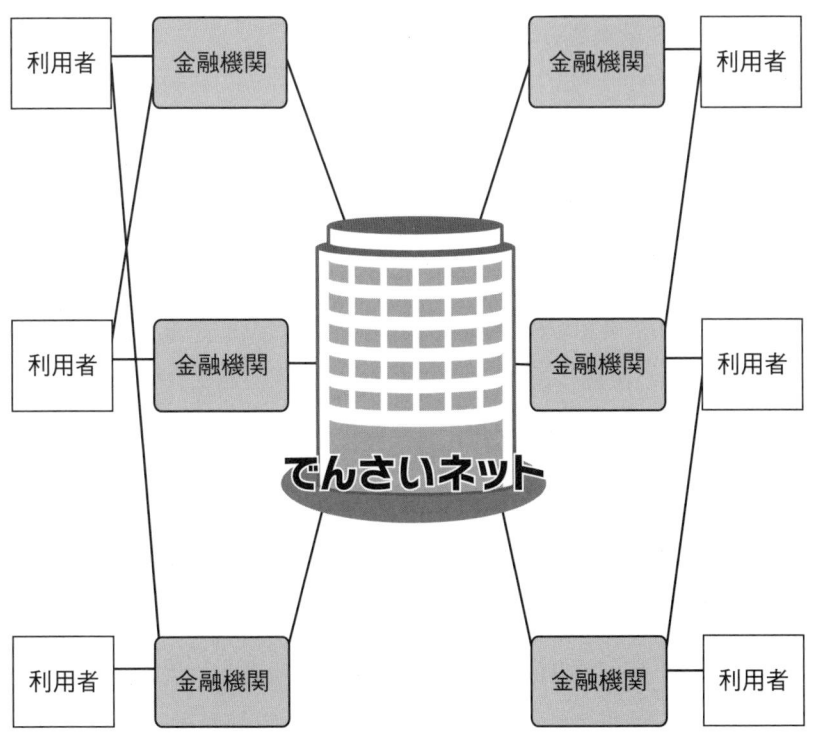

Q8 でんさいネットにおける電子記録債権(「でんさい」)の取引イメージを教えてください。

 「でんさい」の発生・譲渡等は、取引金融機関を通じて行います。

「間接アクセス方式」を採用するでんさいネットでは、「でんさい」を発生させたり、譲渡したりするには、取引金融機関を通じて記録請求を行うことになります。

1. 「でんさい」の発生(【Q19】参照)

「でんさい」を発生させる(手形であれば振り出す)には、債務者が自身の取引金融機関を通じて発生記録請求を行います(法律上は、債務者と債権者の双方が請求する必要がありますが、手形的利用を想定しているでんさいネットでは、約束手形の振出と同様、債務者が単独で発生できるようにしています。【Q10】参照)。

2. 「でんさい」の譲渡(【Q25】参照)

「でんさい」を譲渡する(手形であれば裏書譲渡する)には、債権者(譲渡人)が自身の取引金融機関を通じて譲渡記録請求を行います(発生時と同様、譲渡の場合も、法律上は譲渡人と譲受人の双方が請求する必要がありますが、でんさいネットでは、譲渡人が単独で譲渡できるようにしています)。

3. 「でんさい」の支払(【Q35】参照)

でんさいネットでは、債務者口座から債権者口座への送金による支払(口座間送金決済)が原則です。支払期日になると、全国の金融機関との連携により、自動的に債務者の口座から資金を引き落とし、債権者の口座へ送金が行われますので、振込手続、手形の取立手続のよ

うな面倒な手続は不要です。

また、口座間送金決済で支払った場合は、支払が完了した旨の「支払等記録」もでんさいネットが自動的に行いますので、利用者側の手続は一切必要ありません。

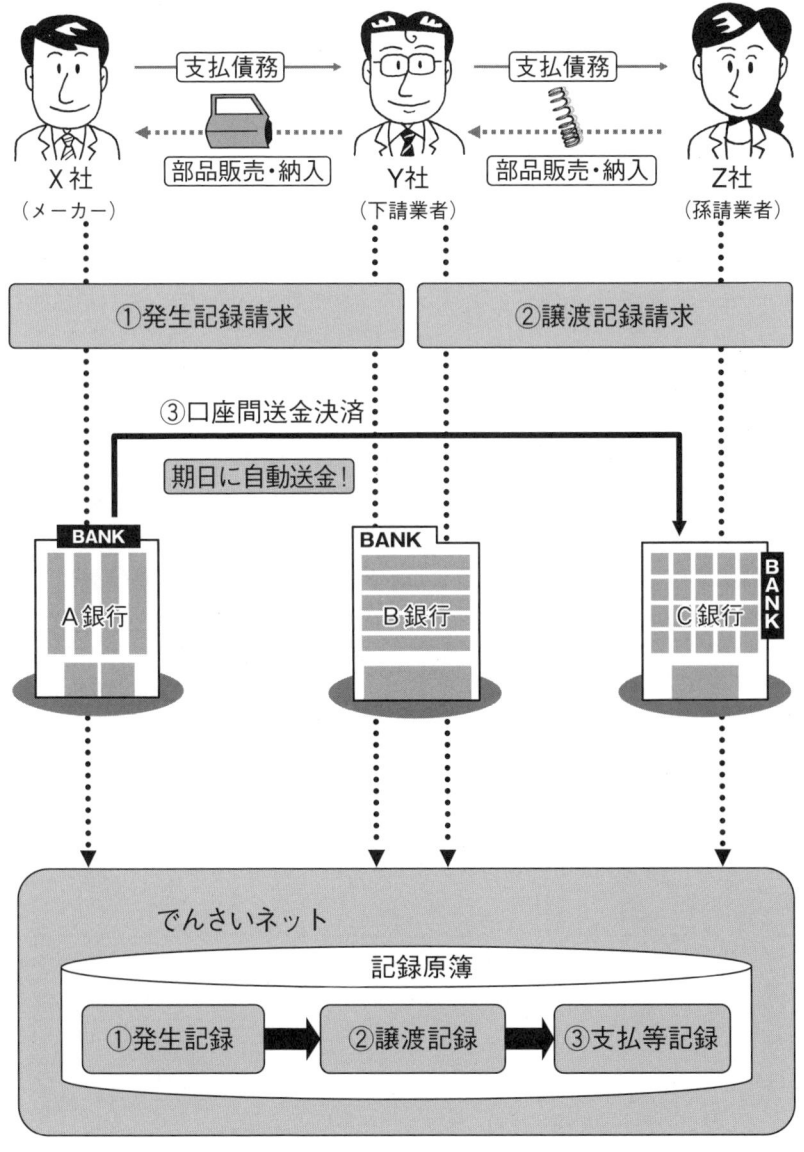

Q9 でんさいネットの活用によって、利用者にどのようなメリットがありますか？

 取引金融機関の継続利用、簡易な決済方法の実現のほか、様々なメリットがあります。

でんさいネットには、取引金融機関の継続利用、全国の金融機関との連携による簡易な決済方法の実現といったメリットのほか、支払企業サイド（債務者）・納入企業サイド（債権者）の双方において、次のようなメリットがあります。

[支払企業サイド]

支払企業の悩み	「でんさい」の活用で解決!!
手形の発行は事務手続が面倒 搬送代の負担も大きい	「でんさい」を使えば、手形の発行、振込の準備など、支払に関する面倒な事務負担が軽減されます。
手形の印紙税負担を軽減したい	手形と異なり、印紙税は課税されません。
手形、振込、一括決済など、複数の支払手段を一本化して効率化したい	手形、振込、一括決済など、複数の支払手段を「でんさい」に一本化すれば、効率化が図れます。

第2章 でんさいネットとは

［納入企業サイド］

納入企業の悩み	「でんさい」の活用で解決!!
手形の場合、紛失や盗難が心配 保管も面倒	ペーパーレス化により、紛失や盗難の心配はなくなります。 厳重に保管、管理する必要がなくなりなりますので、無駄な管理コストを削減することができます。
手形は必要な分だけ譲渡や割引をすることができない	必要な分だけ分割して譲渡や割引をすることができます。 手形にはない、「でんさい」特有の大きなメリットです。
手形の場合、取立手続が面倒	支払期日になると取引銀行の口座に自動的に入金されます。 手形と異なり、支払期日当日から資金を利用することができます。
振込の場合、入金日までの資金繰りが大変	「でんさい」は流通性の高い債権です。 「でんさい」であれば、これまで資金繰りのために利用できなかった債権も、譲渡や割引などが可能になり、無駄なく有効に活用することができます。

-29-

Q10 でんさいネットでは、手形と同様の取引を行うために、どのような設計がなされていますか?

A 記録事項の整理、債務者の単独手続による発生、譲渡人の信用補完、支払不能ルールの整備などを手当てしています。

1. 記録事項の整理

　手形法では、その記載がないと手形としての効力を生じない事項として「必要的記載事項」が定められており、金額、受取人名、振出人の署名といった基本的な事項を記載するだけで、簡易に手形を振り出すことができます。

　電子記録債権法においても、同様にその記録がないと電子記録債権としての効力を生じない事項として「必要的記録事項」が定められていますが、他方で、様々な利用ニーズに対応するためのものとして、任意に記録できる「任意的記録事項」も定められています。ただし、この任意的記録事項については、記録機関がそのサービス内容等に応じて一定の制限を加えることができるとされています。

　「手形的利用」を想定しているでんさいネットでは、それらの任意的記録事項に制限を加え、記録事項を基本的な事項に限定することで、手形のように簡易に発生させることができる仕組みとしています（具体的な記録事項については、該当する【Q】を参照）。

2. 債務者の単独手続による発生（譲渡人の単独手続による譲渡）

　手形の場合、振出人（債務者）と受取人（債権者）の合意があることを前提に、手形券面作成等の振出行為自体は債務者単独の行為として行われます。

　他方、電子記録債権法では、電子記録債権を発生させようとする場

合、原則として債務者と債権者（譲渡の場合は譲渡人と譲受人）の双方が請求しなければならないとされています。しかし、債権者側にも請求手続を求めることは、現在の手形実務と比較して負担増となってしまいます。そこで、でんさいネットでは、債権者の請求権限をあらかじめ債務者側に委任するルールとすることで、債務者単独の手続で発生（譲渡の場合は譲渡人単独の手続で譲渡）できる仕組みとしています（【Q19】・【Q25】参照）。

なお、債権者（譲受人）側のニーズにも配慮して、発生（譲渡）後5営業日以内であれば、債権者（譲受人）が単独で記録を取り消すことができます。

これは、上記とは逆に、債務者（譲渡人）の取消権限を債権者（譲受人）に期限付きで委任するルールとしているためです（【Q24】・【Q25】参照）。

3．譲渡人の信用補完

手形を裏書譲渡した者は、原則として遡求義務者として担保責任を負うことになります。でんさいネットでも、これと同等の効果を確保するため、譲渡すると原則として保証がセットされる仕組みとしています（【Q30】参照）。

4．支払不能ルールの整備

手形交換制度において、6カ月以内に2回不渡りを出した振出人は、銀行取引停止処分が課せられることとなっています。この支払強制力のある制度により、手形に対する信頼性が確保されているといえます。同様に、「でんさい」に対する信頼性を確保するため、でんさいネットでも、手形の取引停止処分制度と類似の制度を設ける方向で準備しています（【Q40】参照）。

Q11 「でんさい」は、手形以外の金融取引でも利用することができるのですか？

手形代替に限らず、売掛債権への活用、「一括決済方式」への活用など、幅広い利用が想定されます。

でんさいネットでは「手形的利用」を想定していますが、現在の手形を「でんさい」に切り替えるだけでなく、売掛債権への活用や「一括決済方式」への活用など、幅広い利用が想定されます。

1．売掛債権への活用

例えば、現在「振込」で決済を行っている企業においては、「でんさい」を利用すれば、振込期日前であっても「でんさい」を簡易に譲渡することができるため、手持ちの債権を有効活用できるようになります。

2．「一括決済方式」への活用

「一括決済方式」は、手形レスの商品・サービスとして浸透してきていますが、売掛債権の譲渡に伴う二重譲渡リスクの問題や対抗要件具備にかかるコストなどの問題があり、これらを解決するために、「でんさい」を活用することが考えられます。

第 2 章　でんさいネットとは

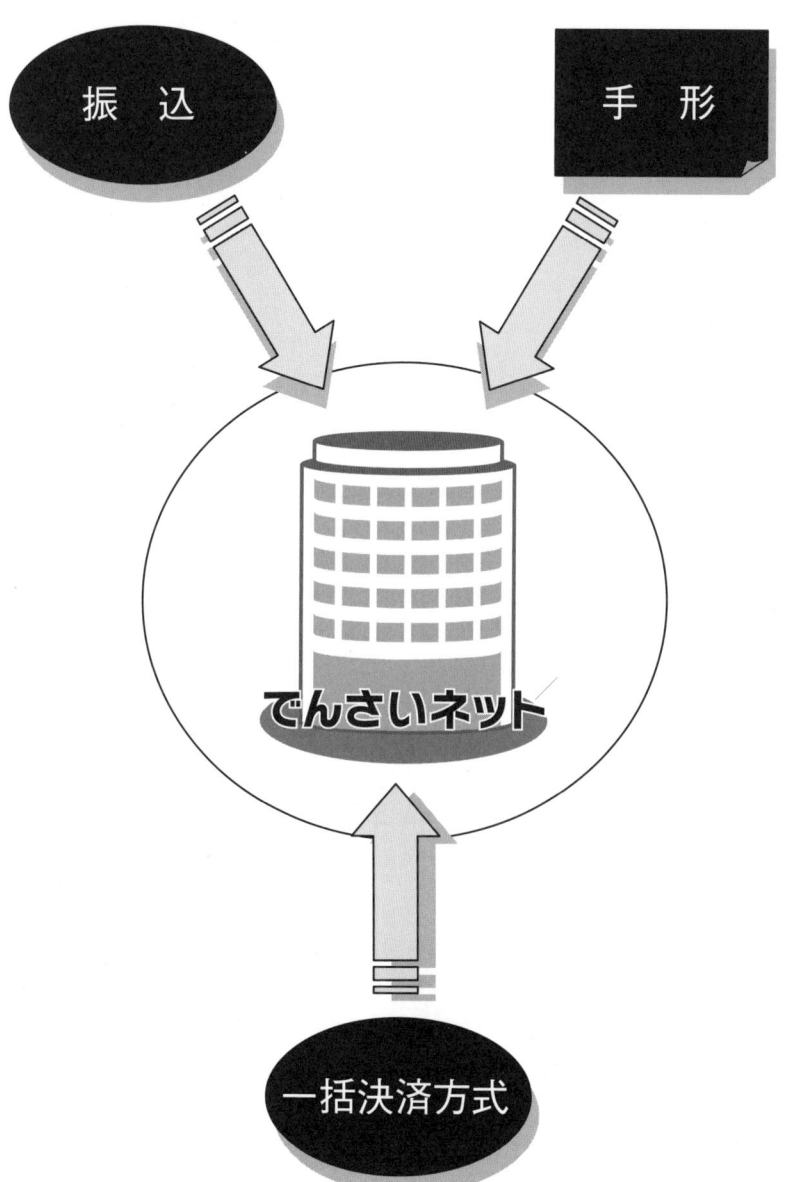

Q12 でんさいネット開業までのスケジュールを教えてください。

開業は、2012年（平成24年）5月を予定しております。

でんさいネット開業までのスケジュールは、以下のとおりです。

	2009年度	2010年度
システム開発	業務要件定義（4カ月） / システム要件定義：基本設計（5カ月）、詳細設計（3カ月）	システム開発：製造～結合試験（8カ月）、総合試験（4カ月）
記録機関設立	・設立準備の実務面検討 ・電子債権記録機関業務、事業計画等の検討 ・出資形態、組織体制等の検討	発起人選出 / 出資 / 準備会社設立

-34-

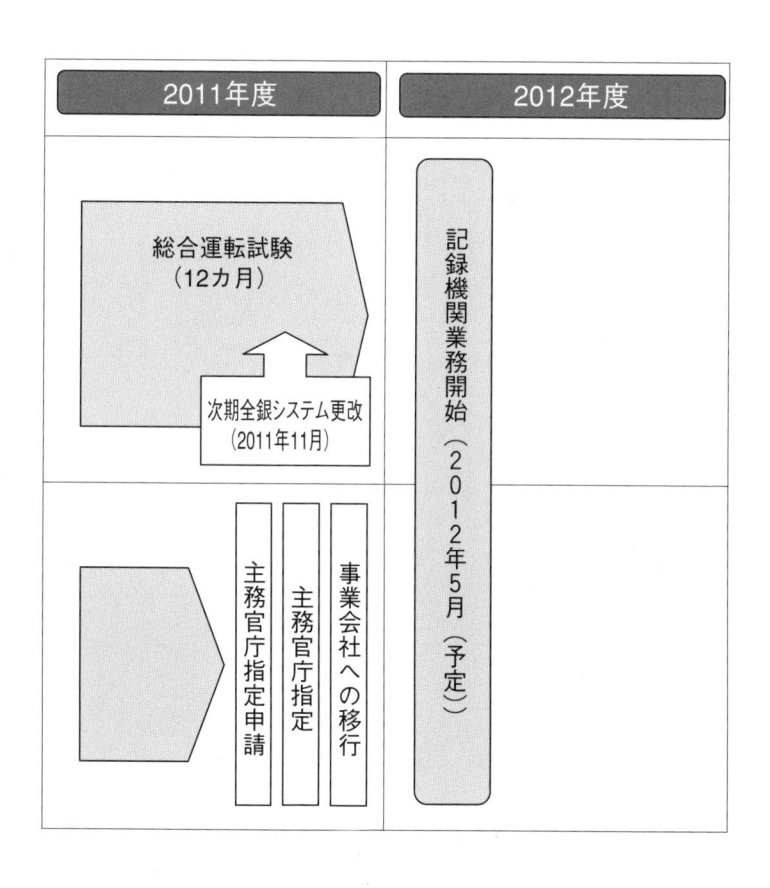

第2章 でんさいネットとは

2011年度	2012年度
総合運転試験（12カ月） ↑ 次期全銀システム更改（2011年11月）	記録機関業務開始（２０１２年５月（予定））
事業会社への移行／主務官庁指定／主務官庁指定申請	

第3章
でんさいネットの利用方法

Q13 でんさいネットは、どこで利用できるのですか？現在の取引金融機関をそのまま利用できますか？

A 社会インフラを指向するでんさいネットは、手形や振込と同様、全国の金融機関で利用できるよう準備を進めています。現在の取引金融機関をそのままご利用いただけます。

解説

　でんさいネットの特長として、「全国規模の安心ネットワーク」、「銀行との連携による簡易な決済方法の実現」があげられます。

　でんさいネットには、全銀協の正会員銀行（都市銀行、地方銀行、第二地方銀行、信託銀行等）のほか、金融機関間の国内送金を担うネットワークである全銀システムに加盟している金融機関（信用金庫、信用組合、農協系統金融機関、商工中金等）も参加します。これにより、でんさいネットの「でんさい」も、現在、全国の金融機関で手形用紙の発行、手形の取立手続、手形割引などが行えるのと同様、全国の金融機関で発生手続、決済資金の受領、割引などが行えるようになります。

　また、新たな決済手段として、従来の決済手段から電子記録債権へ切り替えていくにあたり、取引の相手先（例えば、支払企業からみた下請業者や孫請業者といった納入企業等）に対して取引金融機関を変更してもらわなくてはならないとなれば、相応の負担が生じることになります。でんさいネットの場合は、従来から取引のあった金融機関をそのまま利用することが可能となるため、スムーズな移行が実現できるだけでなく、全国の金融機関と連携することにより、信頼性の高い簡易な決済方法を実現しています。

第3章 でんさいネットの利用方法

［でんさいネットの利用イメージ］

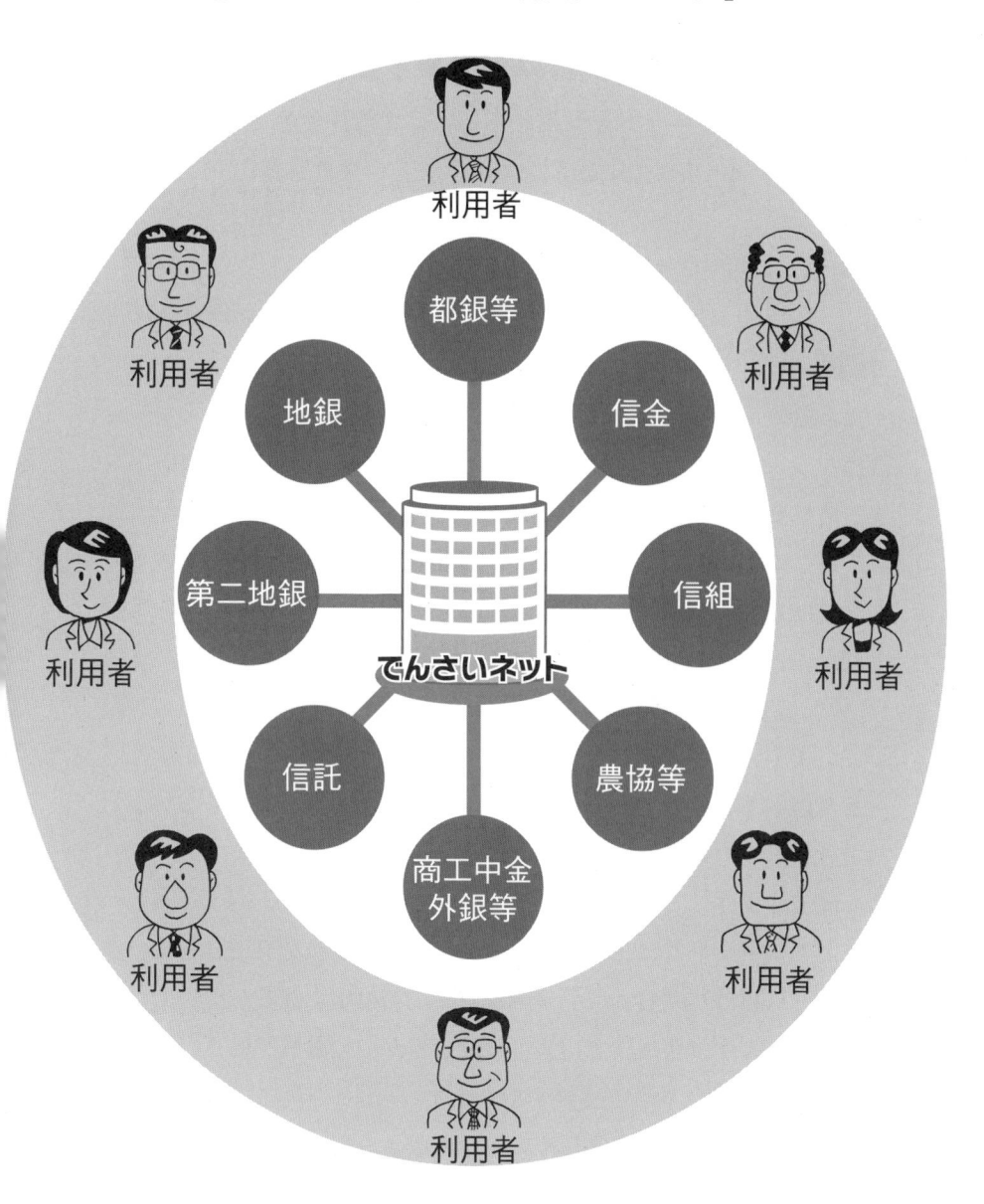

Q14 でんさいネットは、誰でも利用できますか？利用するための要件はありますか？

A でんさいネットを利用するには、本邦居住者である法人または個人事業主であるとともに、一定の要件を満たすことが必要です。
国や地方公共団体も利用できます。

解説

でんさいネットでは、制度の信頼性確保や適切な業務運営といった観点から、利用者となるために以下のような要件を設けています。

1．属性要件

でんさいネットでは、中小企業等の金融の円滑化・効率化を図ることを目的として、「手形的利用」を想定しています。そのため、手形の利用者と同様に、法人または個人事業主を利用対象としています（その他にも、公共事業の支払など、国や地方公共団体の利用も想定しています）。

また、本邦居住者であることのほか、反社会的勢力に属さないなど利用者としての適格性に問題がないことを要件としています。

2．経済的要件

でんさいネットでは、口座間送金決済による支払を原則としていますので（【Q35】参照）、取引金融機関に決済口座を開設していただく必要があります（普通預金口座も可能ですが、金融機関によっては当座預金口座に限定される場合があります）。また、現在、手形を振り出そうとする事業者が当座預金口座を開設する際に金融機関で一定の審査（取引停止処分中の者でないか等）を経ているのと同様、債務者として「でんさい」を発生させようとする利用者については、金融機関で一定の審査を経ることとしています。

3．利用資格要件

　でんさいネットでは、手形における取引停止処分制度と同様、支払期日に資金不足等となった利用者に対して、一定のペナルティ（債務者利用停止措置。【Q40】参照）を課す方向で検討中です。そのようなペナルティを受けている利用者は、「でんさい」の新規発生など、債務者としての利用が制限されます。また、『利用制限』や『強制解約』（【Q50】参照）を受けた利用者のうち、破産や廃業など、でんさいネットが定める一定の事由にもとづいて当該措置を受けた利用者は、利用資格欠格者として新規の利用申請を認めないこととしています。

4．その他（記録事項に関する要件）

　様々な記録事項のうち、でんさいネットで取扱わない記録を行おうとする者は、利用者要件を満たさない者として扱われます。利用者要件を満たさない者から記録請求があったとしても、でんさいネットはその請求を受け付けません（【Q21】参照）。

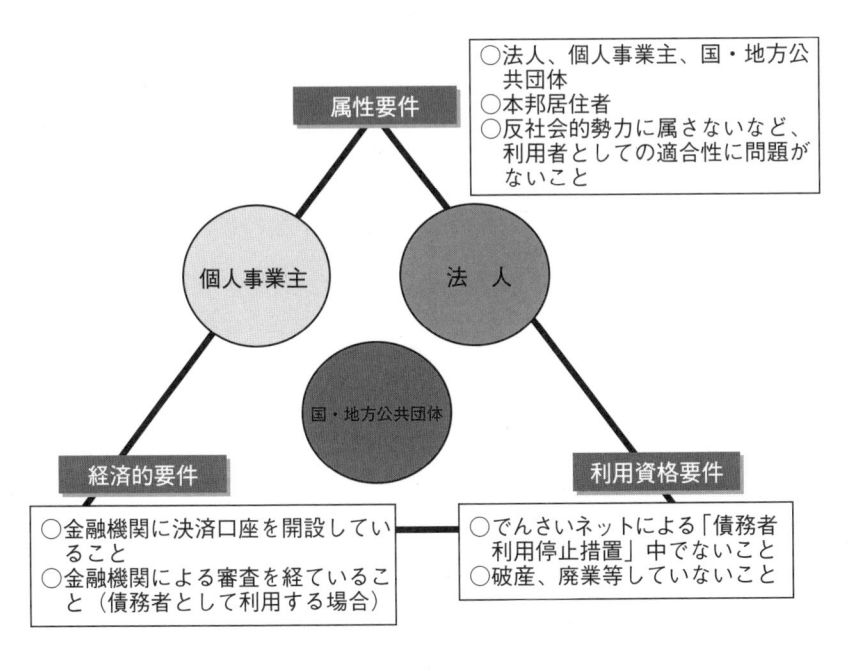

属性要件
- ○法人、個人事業主、国・地方公共団体
- ○本邦居住者
- ○反社会的勢力に属さないなど、利用者としての適合性に問題がないこと

（個人事業主／法人／国・地方公共団体）

経済的要件
- ○金融機関に決済口座を開設していること
- ○金融機関による審査を経ていること（債務者として利用する場合）

利用資格要件
- ○でんさいネットによる「債務者利用停止措置」中でないこと
- ○破産、廃業等していないこと

Q15 どのような利用方法があるのですか？インターネットが使えなくても利用できますか？

A 具体的な利用方法は、取引金融機関によって異なります。インターネットバンキングやファームバンキングのほか、書面（店頭またはＦＡＸ等）を用いた利用方法も考えられます。

解説

でんさいネットは、金融機関を通じて利用いただくことになります。記録請求等の具体的な利用方法は金融機関によって異なりますので、でんさいネットの利用申込にあたっては、その金融機関がどのような利用方法に対応しているのか、事前に確認していただく必要があります。

１．インターネットバンキング等を活用した方法

　情報技術の進歩に伴い、法人・個人を問わずインターネットバンキングの普及が進んでいます。電子記録債権制度は、政府のIT戦略本部決定「e-Japan戦略Ⅱ」を発端としている経緯があり（【Ｑ２】参照）、でんさいネットの利用にあたっても、インターネットバンキングやファームバンキングを活用した利用方法が増えるものと予想されます。

２．書面（店頭、ＦＡＸ等）による方法

　インターネットバンキング等を利用しない事業者を対象に、書面により記録請求を受け付け、金融機関側で代行入力を行うといった方法も考えられます。この場合、利用者は、請求書面を店頭に持参する、あるいはＦＡＸ等を用いて送信するといった方法が想定されます。

[インターネットバンキング等を活用した方法]
(IB：インターネットバンキング、FB：ファームバンキング)

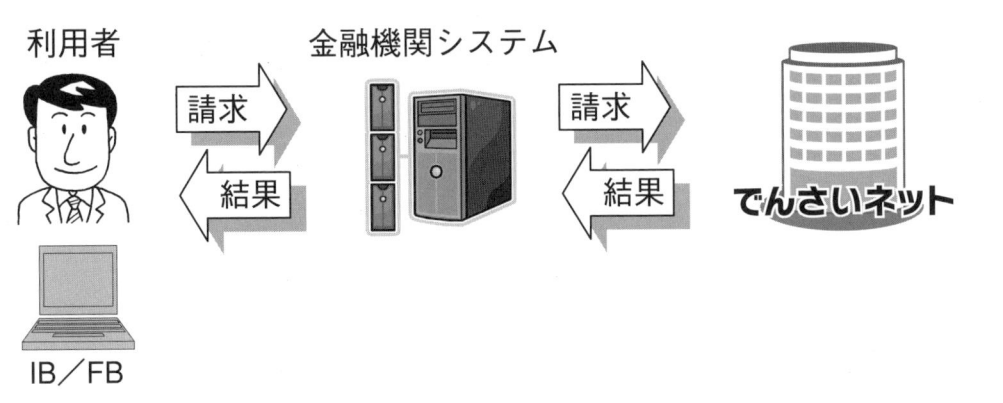

[書面による方法]

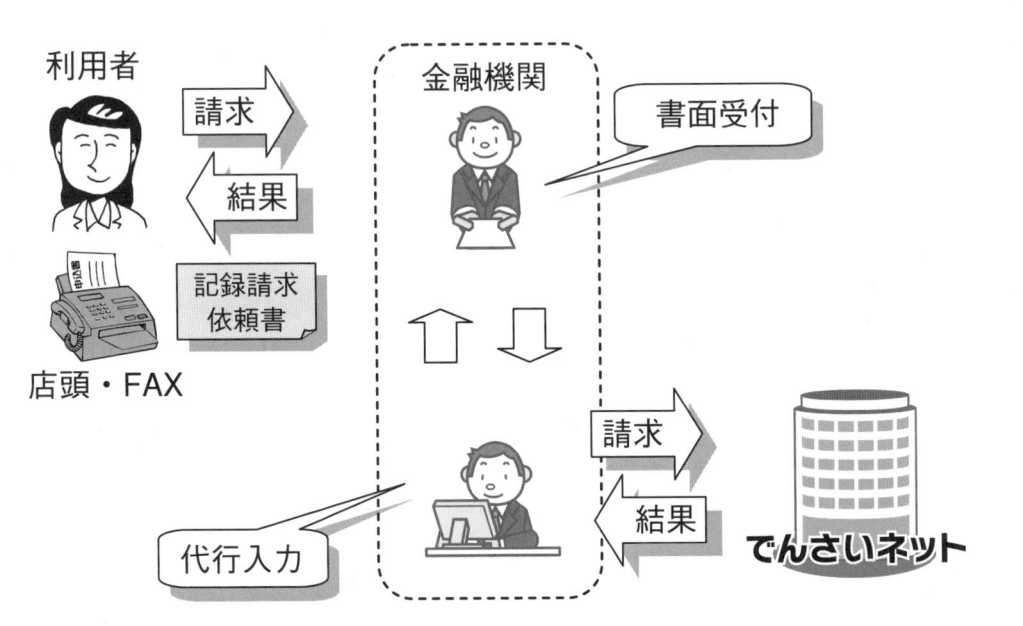

Q16 複数の金融機関で利用することはできますか？インターネットバンキング等利用時の仕様は、金融機関ごとに異なるのですか？

A 複数の金融機関で利用することができます。
利用者および金融機関間の送信データのファイルフォーマットについては、一定の標準化を図る方向で準備を進めています。

解説

1．複数の金融機関で利用可能

「でんさい」は、複数の金融機関で利用することができます。ただし、金融機関によって利用方法が異なるほか（【Q15】参照）、利用者の管理は金融機関が行うことになりますので、利用申込も取引金融機関ごとに行っていただく必要があります。なお、いったん発生させた、または譲渡を受けた個々の「でんさい」に対しては、途中で金融機関を替えることはできません。例えば、A銀行とB銀行に利用申込をしている利用者が、A銀行を通じて「でんさい」を発生させ、債権者となった後、B銀行を通じてその「でんさい」を譲渡することはできません。A銀行を通じて発生させた「でんさい」は、A銀行を通じて譲渡することになります。

2．標準フォーマットの制定

現在、インターネットバンキングやファームバンキングにおける利用企業および金融機関間のデータ送受信については、全銀協で一定の業務の標準化が図られています。これにより、利用企業は、複数の金融機関と取引がある場合であっても、金融機関ごとにフォーマットを使い分けるといった事態を避けることができます。

でんさいネットにおいても、利用者および金融機関の事務処理の省

力化等の観点から、インターネットバンキングやファームバンキングを活用して「でんさい」を利用する際のフォーマットの標準化を図る方向で準備を進めています。

[利用者および金融機関間のファイル標準化]

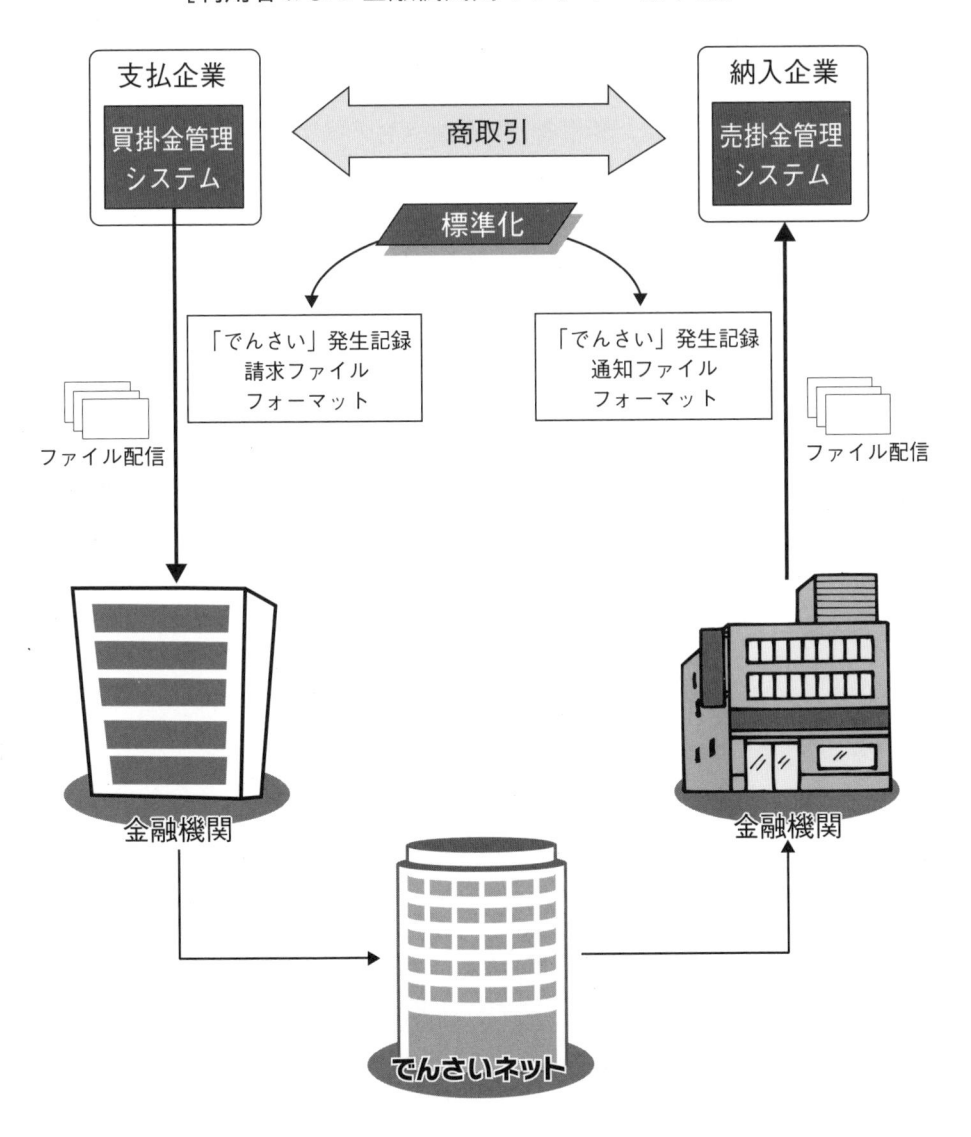

Q17 利用料はいくらかかるのですか？

A 利用者が負担する利用料は、取引金融機関ごとに自由に設定されます。

解説

でんさいネットでは、利用者とでんさいネットの間に金融機関が介在する「間接アクセス方式」を採用しており、利用者が負担する利用料は、利用内容や利用者との取引状況等に応じて、取引金融機関ごとに自由に設定されます。したがって、同じ記録請求をする場合でも、取引金融機関によって利用料は異なる水準・体系となります。

こうしたでんさいネットの利用料体系は、現在の振込手数料の体系（各金融機関が自由に設定）と同じコンセプトです。

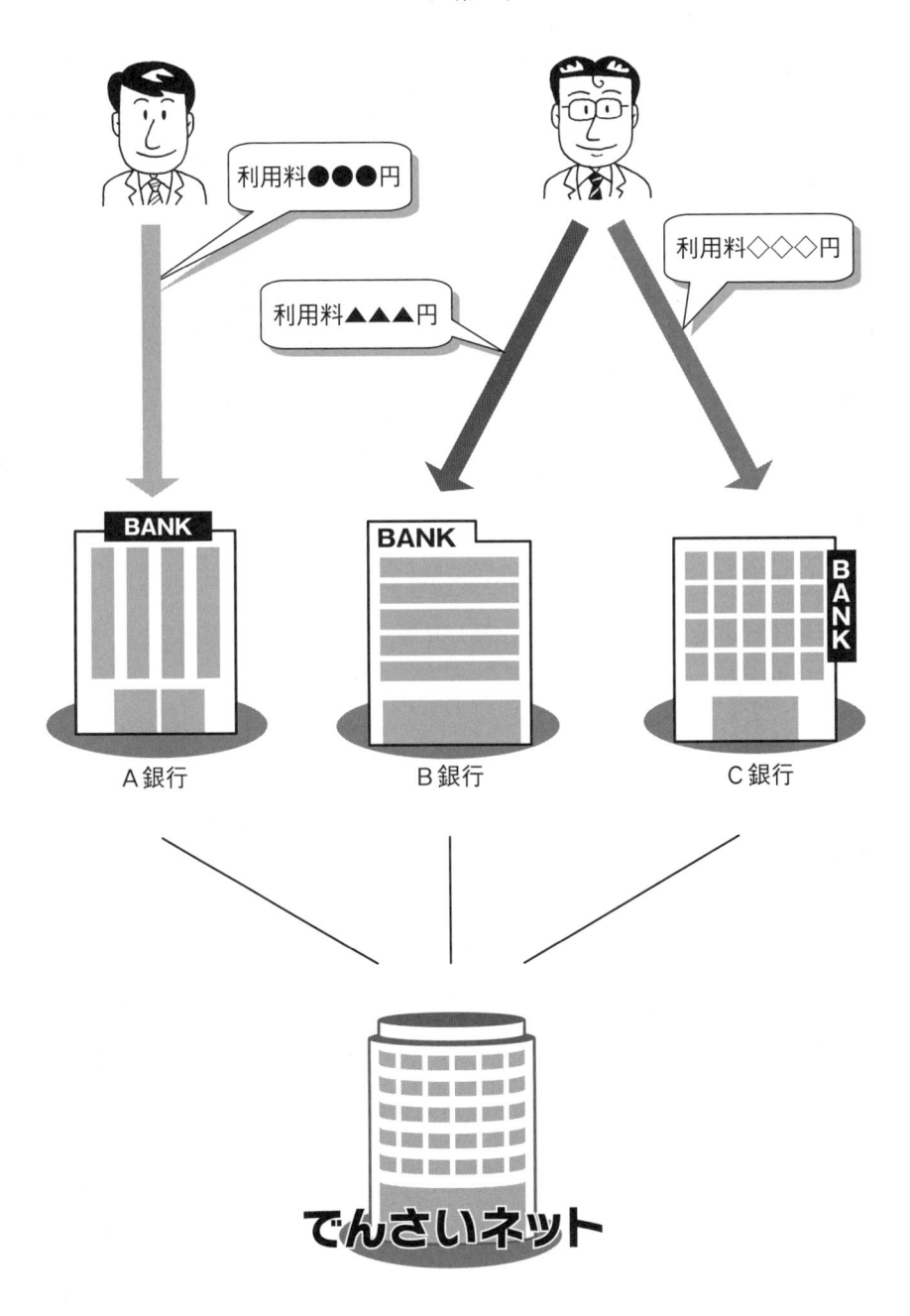

第3章 でんさいネットの利用方法

Q18 でんさいネットの営業日・営業時間を教えてください。

A 平日（金融機関営業日）の9時～15時であれば、どの金融機関でも利用いただけます。
それ以外の営業日時については、金融機関によってサービス提供の時間帯が異なります。

解説

　平日（金融機関営業日）の9時～15時（コアタイム）であれば、どの金融機関でも利用いただけます。コアタイム以外の営業日時については、でんさいネットのシステム稼働時間（毎月1回のシステムメンテナンス日を除き、毎日7時～24時）の範囲内で、金融機関ごとに設定されることになります。

　また、利用者は、平日、土日／祝日（取引金融機関がサービスを提供している場合）を問わず、15時までは当日扱いの請求、先日付（翌日以降）を指定した予約請求（【Q22】参照）のいずれも行うことが可能ですが、15時以降の時間帯は、予約請求のみの取扱いとなります。

　なお、債権内容を確認するための開示請求（【Q42】参照）については、どの営業時間帯であっても、リアルタイムに最新情報を確認することが可能です。

第3章 でんさいネットの利用方法

	平日 (金融機関営業日)	土日／祝日 (金融機関非営業日)
7：00 〜 9：00	(当日・予約共に可)	(当日・予約共に可)
9：00 〜 15：00	コアタイム (当日・予約共に可) ⬇ どの金融機関でも 利用可能	
15：00 〜 24：00	(予約のみ可)	(予約のみ可)

※システムメンテナンス日を毎月1回設定。

第4章
「でんさい」の手形的活用

Q19 「でんさい」の発生方法とその手順を教えてください。

A 債務者が発生記録請求を行う方法が基本です。
「債務者請求方式」の場合、債権者は、5営業日以内であれば、単独で発生を取り消すことができます。

解説

　手形を振り出す場合、債務者（振出人）と債権者（受取人）の間で「手形で支払います」という合意をしたうえで、手形券面作成等の振出行為自体は債務者単独の行為で行われています。
　でんさいネットでも、そのような手形の振出実務に即したかたちで発生手続が行えるよう、「債務者請求方式」による方法を基本としています。

1．発生記録（債務者請求方式）

　「でんさい」を発生させる場合、まず、債務者が、口座情報等で債権者を特定したうえで、取引金融機関を通じて発生記録請求を行います。この際、債権金額や支払期日といった必要情報を入力します。
　発生記録が行われると、でんさいネットは、その内容を債権者に通知します（実際には、債権者の取引金融機関を通じて通知されます）。通知を受けた債権者は、その通知または開示請求により内容を確認することができます（【Q42】参照）。ここで、万が一その内容に間違い（例えば金額相違）がある場合、債権者は、通知日を含め5営業日以内であれば、単独でその発生記録を取り消すことが可能です（記録上は、削除をする旨の変更記録が行われ、取り消した履歴が残ることになります。【Q34】参照）。
　これが「債務者請求方式」による発生であり、でんさいネットの発生記録の基本的な請求方法となります。

2．発生記録（債権者請求方式）

「でんさい」の発生方法は「債務者請求方式」が基本となりますが、でんさいネットでは、利用者の様々なニーズに対応できるよう、「債権者請求方式」による発生方法も用意しています。

「債権者請求方式」の場合は、まず、債権者が口座情報等で債務者を特定したうえで、取引金融機関を通じて発生記録請求を行います。

請求を受けたでんさいネットは、債権者の請求内容を債務者に通知します（この場合も、債務者の取引金融機関を通じて通知されます）。通知を受けた債務者は、その内容を確認し、内容に問題がない場合は、通知日を含め5営業日以内に承諾をすることにより発生記録が成立します。逆に、内容に問題がある場合は、5営業日以内に否認をすることができます(承諾も否認もされないまま5営業日が経過した場合は、否認されたものとして扱われます)。

でんさいネットでは、発生記録請求に2つの請求方式を用意しています。このうち「債務者請求方式」はどの金融機関でも用意することとしていますが、「債権者請求方式」の取扱可否は金融機関および債務者によって異なりますので、事前に確認いただく必要があります。

[1．債務者請求方式]

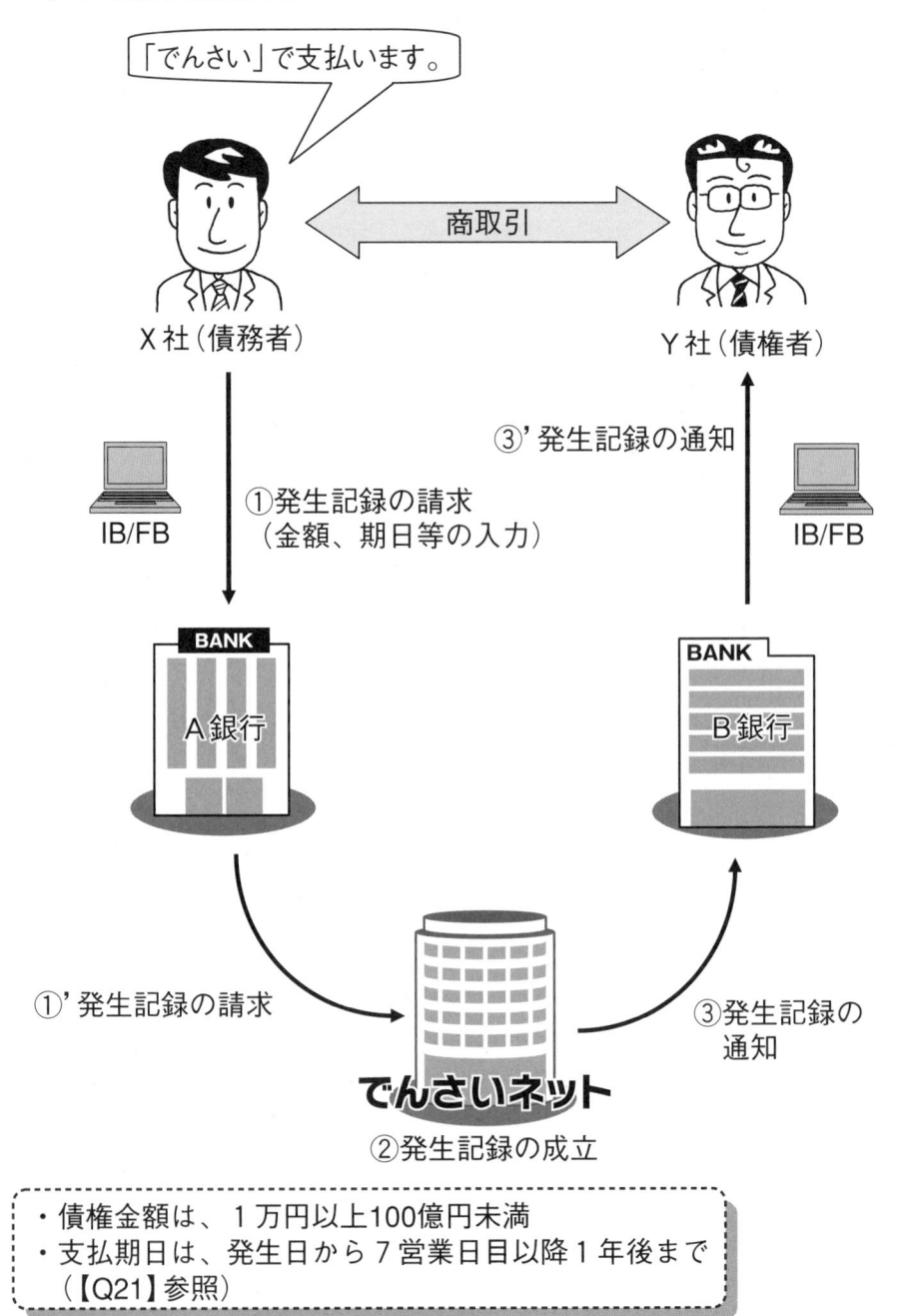

「でんさい」で支払います。

X社（債務者） ←商取引→ Y社（債権者）

①発生記録の請求
（金額、期日等の入力）

③' 発生記録の通知

IB/FB

A銀行　　B銀行

①' 発生記録の請求　　③発生記録の通知

でんさいネット
②発生記録の成立

- 債権金額は、1万円以上100億円未満
- 支払期日は、発生日から7営業日目以降1年後まで
  （【Q21】参照）

第4章 「でんさい」の手形的活用

[2. 債権者請求方式]

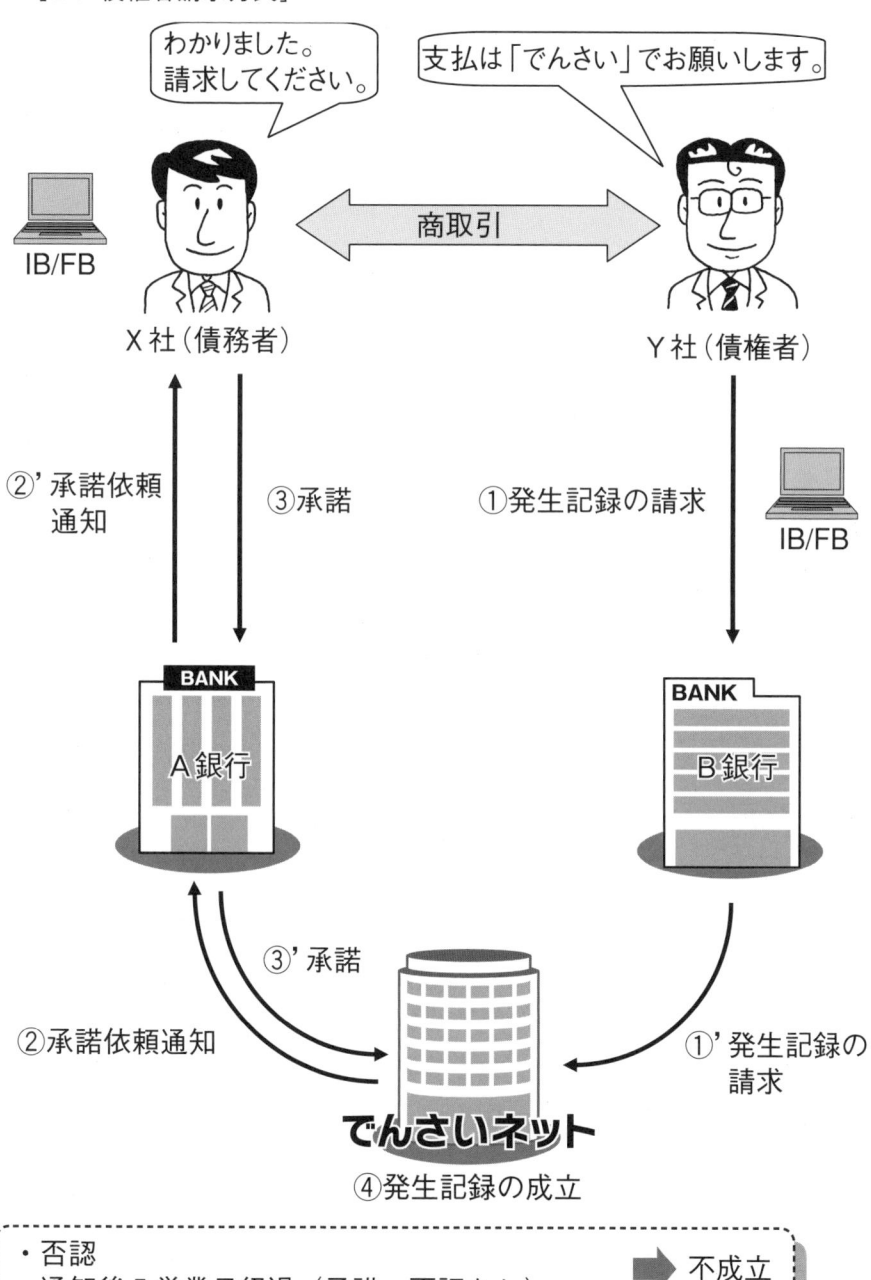

「わかりました。請求してください。」

「支払は「でんさい」でお願いします。」

X社（債務者） ←商取引→ Y社（債権者）

IB/FB

②'承諾依頼通知
③承諾
①発生記録の請求

IB/FB

A銀行　B銀行

②承諾依頼通知
③'承諾
①'発生記録の請求

でんさいネット
④発生記録の成立

・否認
・通知後5営業日経過（承諾・否認なし） ➡ 不成立

-55-

Q20 発生記録にはどのような事項が記録されるのですか？

A 債務者情報、債権者情報、債権金額、支払期日、決済方法などが記録されます。

解説

　発生記録には、主に次のような事項が記録されます。なお、手形のように、一部の記録を白地とすることは認められません。

①債務者情報、債権者情報

　債務者、債権者双方の氏名／名称（法人の場合は代表者名を含む）・住所・口座情報（取引金融機関名、支店名、口座種別、口座番号）が記録されます。

②債権金額、支払期日

　債権金額と支払期日が記録されます（一定の制限があります。【Q21】参照）。

③決済方法

　でんさいネットでは、口座間送金決済による支払を原則としていますので（【Q35】参照）、その旨が自動的に記録されます。

④記録番号

　でんさいネットが採番した番号が記録されます。また、分割を行った場合は、分割先（子債権）にも番号が採番され、分割元（親債権）と紐付けできるように管理されます（【Q28】参照）。

第4章 「でんさい」の手形的活用

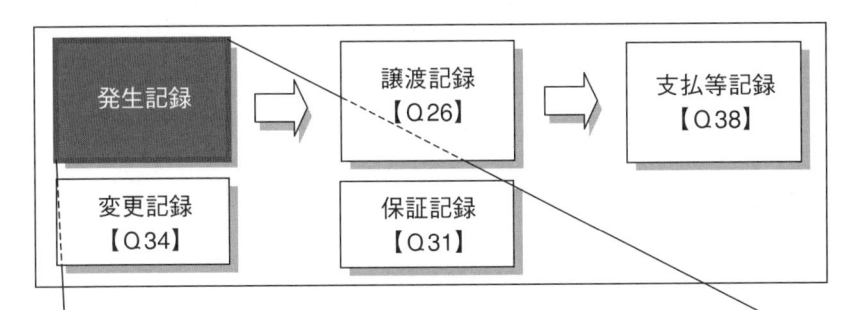

```
┌─────────────────────────────────────────────────┐
│  ┌──────┐    ┌──────┐    ┌──────┐              │
│  │発生記録│ ⇒ │譲渡記録│ ⇒ │支払等記録│        │
│  │      │    │【Q26】│    │【Q38】│            │
│  └──────┘    └──────┘    └──────┘              │
│  ┌──────┐    ┌──────┐                          │
│  │変更記録│    │保証記録│                        │
│  │【Q34】│    │【Q31】│                          │
│  └──────┘    └──────┘                          │
└─────────────────────────────────────────────────┘
```

【発生記録】

(債務者情報)
・名称………Ｘ社　代表者ｘ
・住所………東京都千代田区●ー●ー●
・決済口座…Ａ銀行●支店　当座１２３４５６７

(債権者情報)
・名称………Ｙ社　代表者ｙ
・住所………東京都中央区▲ー▲ー▲
・決済口座…Ｂ銀行▲支店　当座１２３４５６７

(債権金額)　￥10,000,000円
(支払期日)　2010年6月30日
(決済方法)　口座間送金決済により支払います。
(記録番号)　Ｍ００１

Q21 でんさいネットでは、記録の制限はありますか？

A 実務ニーズや企業理念を勘案し、いくつかの制限を設けています。
金融機関によっては、利用可能限度額等の制限を設ける場合もあります。

解説

1．でんさいネットによる制限

電子記録債権法では、記録機関によってその提供するサービスは様々であるため、必要に応じて記録機関側で記録事項に一定の制限を設けることができるとされています。

手形的利用を想定しているでんさいネットでは、実務ニーズを勘案して、例えば質権設定の記録を禁止しているほか、「中小企業金融をはじめとした金融の円滑化・効率化を図る」という企業理念を踏まえ、譲渡を禁止する旨の記録は認めない（譲渡禁止特約の取扱い不可）といった制限を設けています。

また、でんさいネットでは、利用者となるための要件を定めており（【Q14】参照）、でんさいネットで取扱わない記録を行おうとする者は、利用者要件を満たさない者として扱われます。利用者要件を満たさない者から記録請求があったとしても、でんさいネットはその請求を受け付けないこととしています。

2．金融機関による制限

でんさいネットでは、金融機関が利用者との間で利用契約を締結するにあたり、利用可能限度額（例えば、債務者として発生できる債権金額の残高に極度枠を設ける）、契約期間（例えば、1年ごとに利用契約の見直しをする）などについて制限を設けることができるように

しています。

　これは、支払能力を超えて「でんさい」を発生させてしまうことを制限し、無用な支払不能を未然に防止するなどにより、制度の信頼性向上を図ることを目的としたものです。

🚫 でんさいネットで取扱いできない記録

- 質権設定の記録
- 譲渡を伴わない分割記録
- 譲渡を禁止する旨の記録（譲渡禁止特約の取扱い不可）
- 譲渡先の範囲を特定の利用者に限定する旨の記録
  （ただし、譲渡先を参加金融機関に限定する旨の記録は可）
- 債権金額を1万円未満とする発生記録、分割記録
- 債権金額を100億円以上とする発生記録
- 債権金額を日本円以外の通貨とする記録
- 支払方法を分割払いとする記録
- 支払期日を発生日から1年超の日付とする記録
- 支払期日を発生日から7営業日目未満の日付とする記録
- 支払期日の前後一定期間に行う記録（次ページ参照）
- 債権者、債務者を複数とする記録
  （連帯債権、連帯債務の取扱い不可）
- 利息、遅延損害金、違約金の定めに関する記録
- 期限の利益喪失に関する記録
- その他（相殺または代物弁済に関する記録、弁済の充当指定に関する記録など）

[支払期日前後一定期間の記録請求可否]

5営業日
(譲受人の単独取消可能期間、相手方の承諾／否認期間)

	7営業日前以前	6営業日前	5営業日前	4営業日前
譲渡記録請求（【Q25】） （請求者：譲渡人）	○	×	×	×
分割記録請求（【Q27】） （請求者：債権者）	○	×	×	×
保証記録請求（【Q30】） （請求者：債権者）	○	×	×	×
変更記録請求（【Q33】） 1．利用者属性に関する記録を変更する場合 （請求者：債務者、債権者、保証人、中間譲受人）	○	○	○	○
2．債権金額など利用者属性以外の記録を変更する場合（※2） ①発生直後（利害関係者が債務者と債権者しかいない状態） 　A：オンラインで承諾を取る方法（※3） （請求者：債務者、債権者）	○	×	×	×
B：書面で承諾を取る方法 （請求者：債務者、債権者）	○	○	○	○
②譲渡等がされた後（利害関係者が3名以上いる状態） （請求者：債務者、債権者、保証人、中間譲受人）	○	○	○	○
口座間送金決済以外の支払等記録請求（【Q39】） （請求者：債権者）	○	○	○	○
（請求者：支払者）	○	×	×	×

（※1）支払等記録が行われていない場合に限り可。
（※2）「×」の場合でも、差押えの記録を削除するための変更記録等は可。
（※3）オンラインで承諾を取る方法で変更できる記録事項は、「債権金額」、「支払期日」、「譲渡先制限の有無」、「発生記録の取消」の4項目のみ。
（※4）債務者の取引金融機関（仕向金融機関）からでんさいネットに対し、支払不能通知が出された後であれば可（ただし、支払等記録が行われるのは支払期日の3営業日後）。

第4章 「でんさい」の手形的活用

【Q 35】

	決済情報提供日		口座間送金決済実施			支払等記録	
3営業日前	2営業日前	1営業日前	支払期日	1営業日後	2営業日後	3営業日後以降
×	×	×	×	×	×	○
×	×	×	×	×	×	×
×	×	×	×	×	×	○
○	○	○	○	○	○	△（※1）
×	×	×	×	×	×	×
○	×	×	×	×	×	×
○	×	×	×	×	×	×
○	×	×	△（※4）	△（※4）	△（※4）	○
×	×	×	△（※4）	△（※4）	△（※4）	○

（○：記録請求可、△：条件付で記録請求可、×：記録請求不可）

-61-

Q22 「でんさい」による支払をあらかじめ予約しておくことはできますか？

A 1カ月先までの日付を指定した予約請求を行うことができます。
複数の請求をまとめて行うことも可能です。

解説

　事業者間の反復的な商取引においては、一定金額の支払が毎月定期的に生じるケースも多いと思われます。また、その支払実務において、支払日（手形で支払う場合は振出日）が毎月一定日に決められているケースもあると思われます。

　でんさいネットでは、そのような実務ニーズに対応し、「でんさい」の発生等の記録請求にかかる事務処理を平準化させ、利用者の事務の負担を軽減できるようにするため、1カ月先までの日付を指定した予約請求機能を用意しています。例えば、毎月の月末に定期的に1,000万円の手形を振り出している債務者（振出人）であれば、事前に月末日を指定した発生記録を予約請求しておくことにより、月末日に慌てて記録請求をするといった事態を防ぐことができます。なお、予約請求は、発生記録（債務者請求方式、債権者請求方式）に限らず、譲渡記録、分割（譲渡）記録でも可能です。

　また、事業規模等にもよると思われますが、支払先が数十社、場合によっては数百社以上におよぶケースも想定されます。その場合に、記録請求を1件1件行っていては、大変な事務負担が生じてしまいます。そこで、でんさいネットでは、複数の記録請求をまとめて行える機能も用意しています（1,000件までの一括請求が可能です）。

第4章 「でんさい」の手形的活用

[予約請求機能]

X社（債務者）：「月末に発生が多くなるから、早めに予約しておこう！」

【発生記録の予約請求】
・債権者…Y社
・債権金額…￥10,000,000円
・発生指定日…2010年3月31日
・支払期日…2010年6月30日

日	月	火	水	木	金	土
	1日	2日	3日	4日	5日	6日
7日	8日	9日	10日	11日	12日	13日
14日	15日	16日	17日	18日	19日	20日
21日	22日	23日	24日	25日	26日	27日
28日	29日	30日	31日			

【発生記録成立】
・債務者…X社
・債権金額…￥10,000,000円
・発生日…2010年3月31日
・支払期日…2010年6月30日

Y社（債権者）

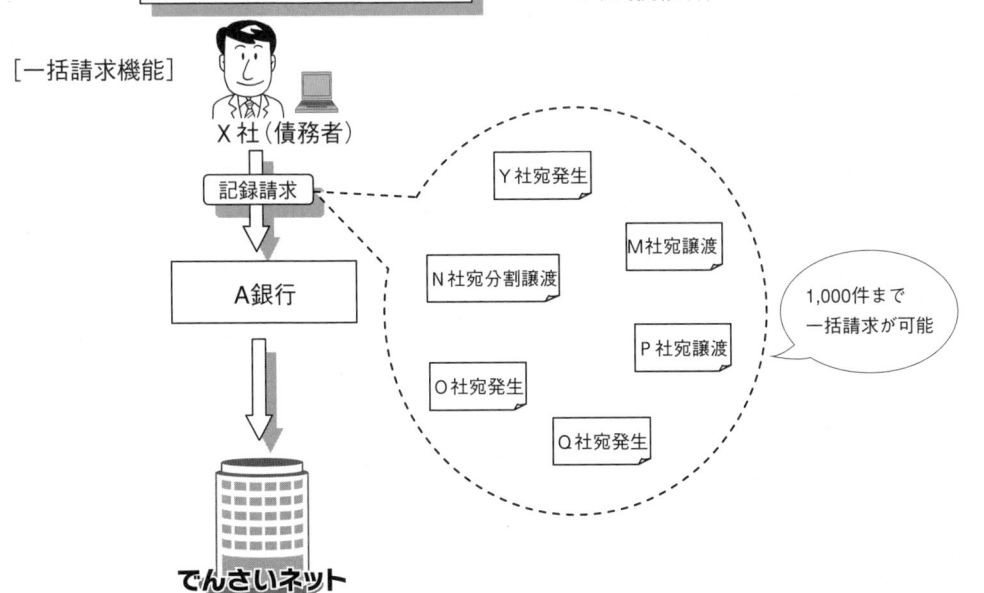

[一括請求機能]

X社（債務者） → 記録請求 → A銀行 → でんさいネット

・Y社宛発生
・M社宛譲渡
・N社宛分割譲渡
・P社宛譲渡
・O社宛発生
・Q社宛発生

1,000件まで一括請求が可能

-63-

Q23 取引先の範囲を限定することはできますか？

A 記録請求の通知を受けてもよい相手方を限定するための「指定許可機能」があります。
「指定許可機能」の利用可否は、金融機関によって異なります。

解説

　でんさいネットでは、利用者があらかじめ記録請求の通知を受けてもよい取引先を「許可先」として登録しておくことにより、登録先以外から自身を相手方とする記録請求があった場合に、その請求をエラーとする「指定許可機能」を用意しています。

　この機能は、わかりやすくいえば、電話の着信拒否機能のようなイメージです。例えば、債務者であるＸ社が、Ｙ社を債権者とする発生記録を請求したところ、誤ってＺ社を債権者として請求してしまったとします。Ｚ社とすれば、身に覚えのない発生記録の内容が通知されることになり、その「でんさい」を削除するための余計な手間が発生してしまいます。そのような事態を防ぐため、Ｚ社があらかじめ発生記録（債務者請求方式）の「許可先」としてＰ社を登録しておけば、Ｘ社が間違ってＺ社を債権者とする発生記録を請求しようとしても、請求段階でエラーとなり、Ｚ社には通知されないことになります。

　「許可先」は、発生記録（債務者請求方式）、発生記録（債権者請求方式）、譲渡記録（譲渡とセットで行われる保証記録を含む）、保証記録（譲渡を伴わない保証記録）の各記録別に登録することができます。ただし、この「指定許可機能」の取扱可否は金融機関によって異なりますので、事前に確認いただく必要があります。

　なお、でんさいネットでは、譲渡を禁止する旨の記録を行うことはできませんが（譲渡禁止特約の取扱い不可）、譲渡先を参加金融機関

第4章 「でんさい」の手形的活用

に限定する旨の記録を行うことは可能です。【Q21】参照)。

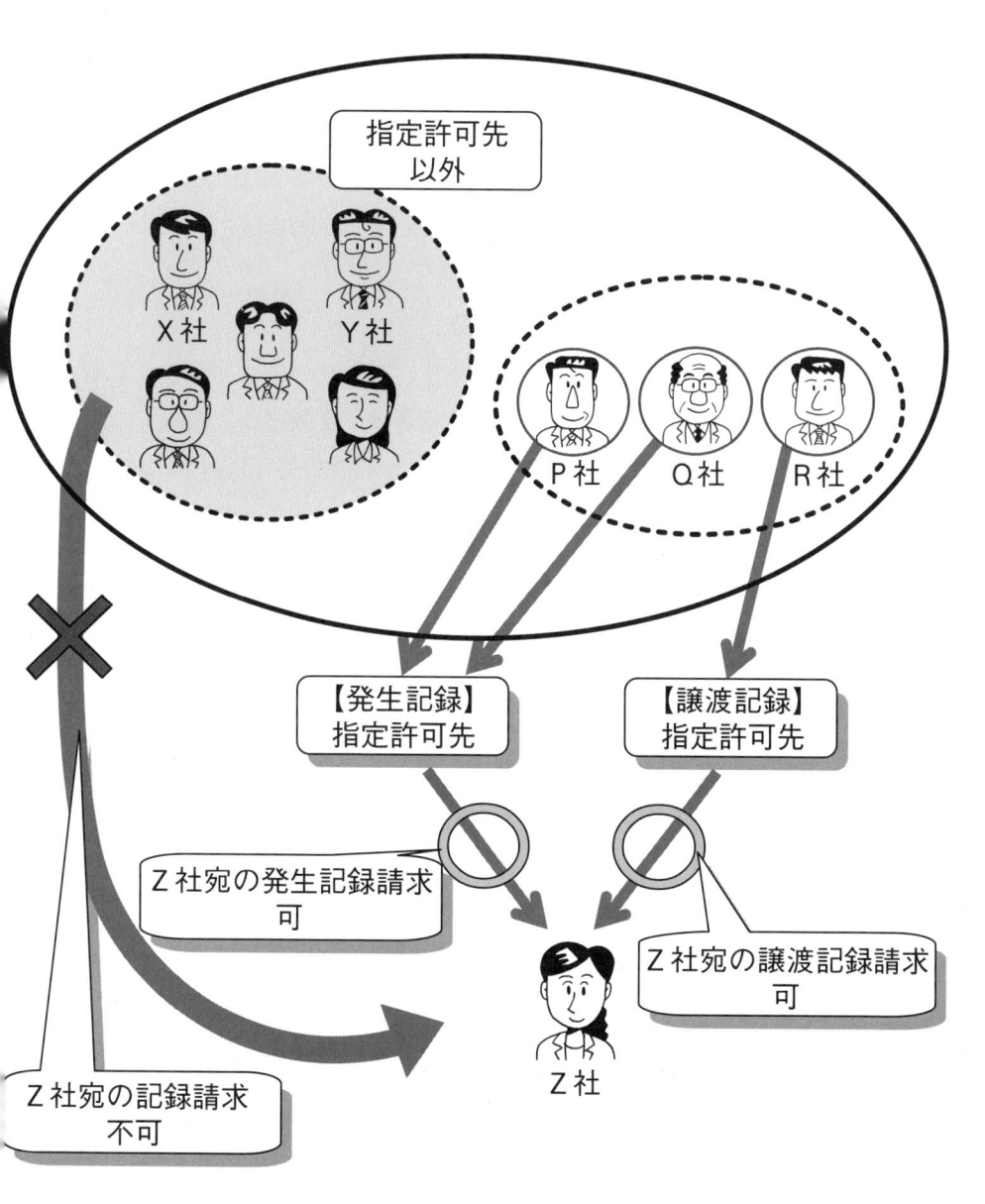

Q24 発生した「でんさい」が当事者間で合意した内容と異なる場合、どうしたらいいのですか？

A いったん取り消して新規に発生させる方法と、間違った記録内容を変更する方法があります。

解説

　発生した「でんさい」の内容に間違いがあった場合は、次の二つの方法により対応することができます。

1．取り消して新規に発生させる方法

　発生記録（債務者請求方式）において、でんさいネットから「でんさい」が発生した旨の通知を受けた債権者は（実際には、債権者の取引金融機関経由で通知されます）、通知日から5営業日以内であれば、単独でその発生記録を取り消すことができます（5営業日経過後も取消は可能ですが、手順が異なります。記録上は、削除をする旨の変更記録が行われ、取り消した履歴が残ることになります。【Q33】・【Q34】参照）。

　したがって、万が一記録内容に間違いがあった場合は、いったんその発生記録自体を取り消したうえで、債務者から新たな発生記録の請求を行ってもらうことにより、正しい債権債務を発生させることができます。

2．間違った記録内容を変更する方法

　「でんさい」は、記録の成立後にその記録内容を変更することも可能です。ただし、変更するには利害関係者の承諾が必要となります。「でんさい」が発生直後の状態（利害関係者が債務者と債権者しかない状態）であれば、どちらか一方が変更記録請求を行い、5営業日以内に相手方の承諾があれば、変更が成立します（変更の方法・手順

第4章 「でんさい」の手形的活用

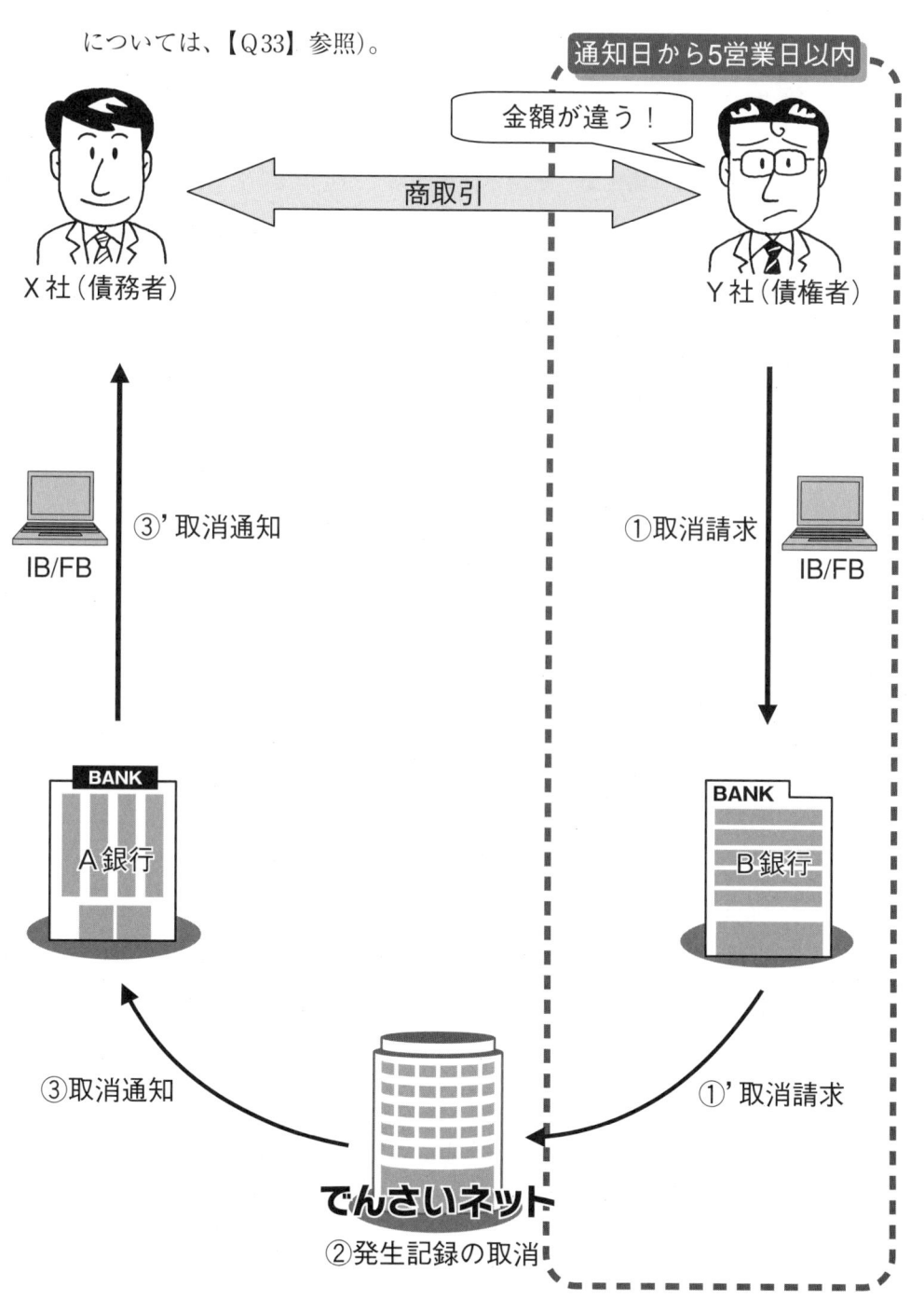

については、【Q33】参照)。

通知日から5営業日以内

「金額が違う!」

商取引

X社(債務者) ←→ Y社(債権者)

IB/FB ③'取消通知 → X社

IB/FB ①取消請求 → B銀行

A銀行

B銀行

③取消通知 ← でんさいネット ← ①'取消請求

②発生記録の取消

Q25 「でんさい」の譲渡方法とその手順を教えてください。

A 譲渡人（債権者）が譲渡記録請求を行います。譲受人（譲渡先）は、5営業日以内であれば、単独で譲渡を取り消すことができます。

解説

「でんさい」を保有する債権者は、譲渡して他の利用者への支払に充てることができます。譲渡するときの方法・手順は、基本的に発生記録の「債務者請求方式」と同様です（【Q19】参照）。

まず、「でんさい」を譲渡しようとする譲渡人（債権者）が、口座情報等で譲受人（譲渡先）を特定したうえで、取引金融機関を通じて譲渡記録請求を行います。

譲渡記録が行われると、でんさいネットは、その内容を譲受人に通知します（実際には、譲受人の取引金融機関を通じて通知されます）。通知を受けた譲受人は、その通知または開示請求により内容を確認することができます（【Q42】参照）。ここで、万が一予定していたものとは別の「でんさい」が譲渡されてしまった場合、譲受人は、通知日を含め5営業日以内であれば、単独でその譲渡記録を取り消すことが可能です（記録上は、削除をする旨の変更記録が行われ、取り消した履歴が残ることになります。【Q34】参照）。

なお、でんさいネットでは、手形の担保裏書と同等の効果を確保するため、「でんさい」を譲渡する際は、原則として保証記録もセットで行われる仕組みとしています（【Q30】参照）。

― 第4章 「でんさい」の手形的活用 ―

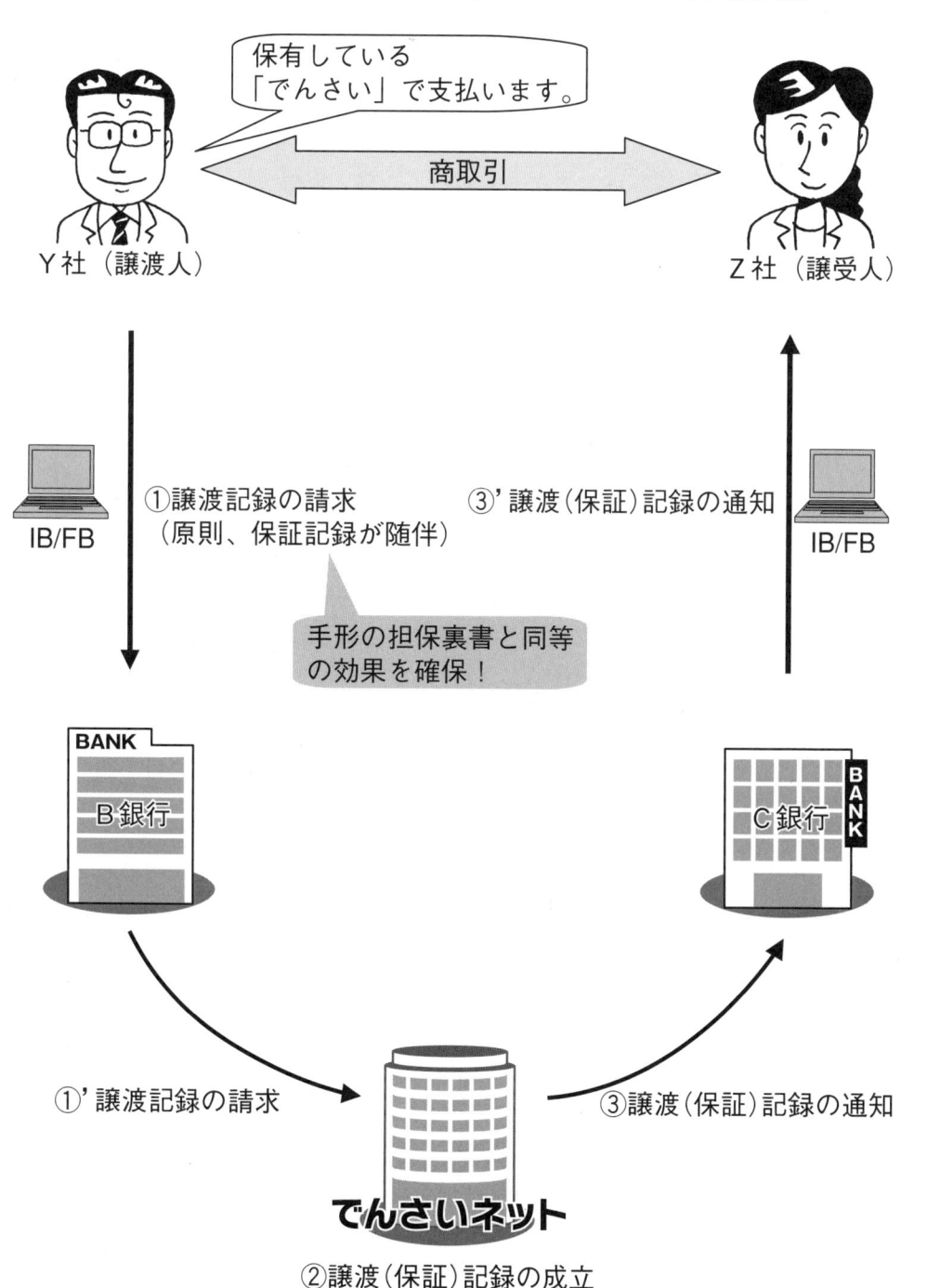

「保有している『でんさい』で支払います。」

商取引

Y社（譲渡人） — Z社（譲受人）

IB/FB

①譲渡記録の請求
（原則、保証記録が随伴）

③'譲渡（保証）記録の通知

IB/FB

手形の担保裏書と同等の効果を確保！

B銀行

C銀行

①'譲渡記録の請求

③譲渡（保証）記録の通知

でんさいネット

②譲渡（保証）記録の成立

-69-

Q26 譲渡記録にはどのような事項が記録されるのですか？

A 譲渡記録には、譲受人の氏名／名称・住所・決済口座情報等が記録されます。

解説

「でんさい」を譲渡した場合、譲渡記録には、譲受人（新たな債権者）の氏名／名称（法人の場合は代表者名を含む）・住所・決済口座情報等が記録されます。

一方、譲渡した側である譲渡人（前債権者）の氏名等は記録されません。これは、その「でんさい」を誰が譲渡したのかについては、発生記録またはその譲渡記録がされる直前の譲渡記録を見れば明らかであるため、重ねて記録する必要はないからです。

ただし、個人事業主の相続人が譲渡をした場合に限り、譲渡記録に譲渡人の氏名／名称・住所が記録されます。電子記録債権法では、取引の安全を保護するため善意取得等の規定が設けられていますが（【Q4】参照）、消費者である個人（個人事業主は除く）の場合はその規定が適用されないことになっています。したがって、「でんさい」を譲り受けようとする利用者にとっては、その譲渡人が法人（または個人事業主）なのか、個人なのかを判断する必要があることから、相続人が譲渡をした場合に限り、例外的に譲渡人の氏名等を記録することとされています。

第4章 「でんさい」の手形的活用

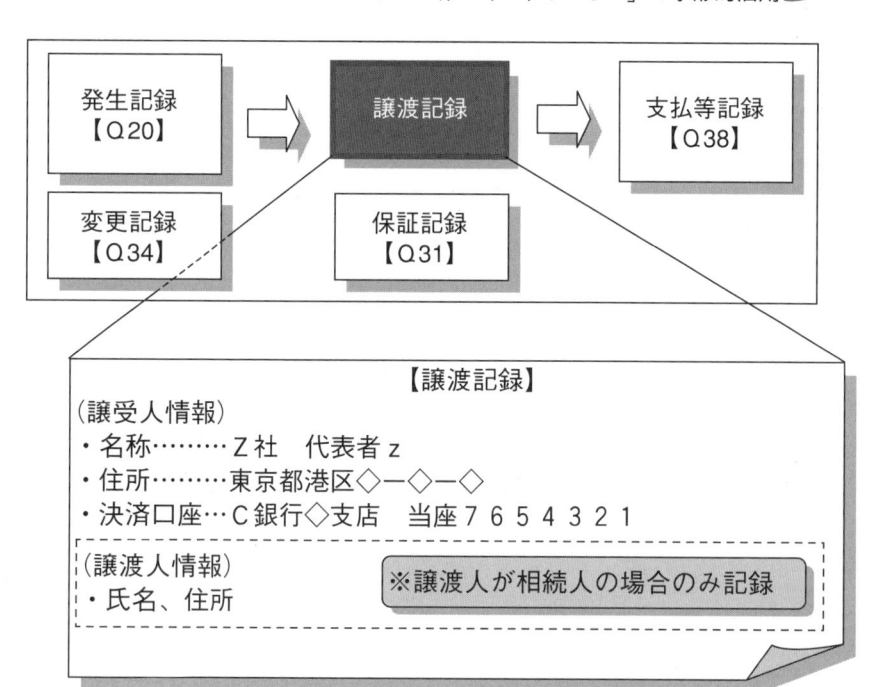

```
発生記録        譲渡記録       支払等記録
【Q20】   →              →    【Q38】

変更記録         保証記録
【Q34】          【Q31】
```

【譲渡記録】
（譲受人情報）
・名称………Ｚ社　代表者ｚ
・住所………東京都港区◇－◇－◇
・決済口座…Ｃ銀行◇支店　当座７６５４３２１
（譲渡人情報）
・氏名、住所　　※譲渡人が相続人の場合のみ記録

Q27 「でんさい」の分割方法とその手順を教えてください。

A 「でんさい」の分割は、債権者が単独で行うことができます。分割先の債権（子債権）は、必ず譲渡する必要があります。

解説

　手形は分割を行うことができません。したがって、手形の券面金額のうち、必要な分だけ分割して譲渡したり割り引いたりすることはできません。

　他方、電子的な記録として管理される「でんさい」は、手形と異なり分割をすることが可能ですので、保有する債権をより効率的に活用することができるようになります。これは、手形にはない「でんさい」特有の大きなメリットのひとつです。

　「でんさい」を分割しようとする場合は、分割記録請求を行うことになりますが、この請求は、債権者が単独で行うことができます。

　また、でんさいネットでは、分割先の債権（子債権）は必ず譲渡するルールとしていますので、分割記録と譲渡記録は常にセットで請求されることになります（具体的な手順は譲渡と同様です。なお、譲渡する際は原則として保証記録もセットで記録されます。【Q30】参照）。

　なお、発生記録請求時に1万円未満の金額を指定できないのと同様、分割記録請求時にも1万円未満の金額を指定することはできません（【Q21】参照。分割した結果、分割元の親債権の金額が1万円未満となることは問題ありません）。

第4章 「でんさい」の手形的活用

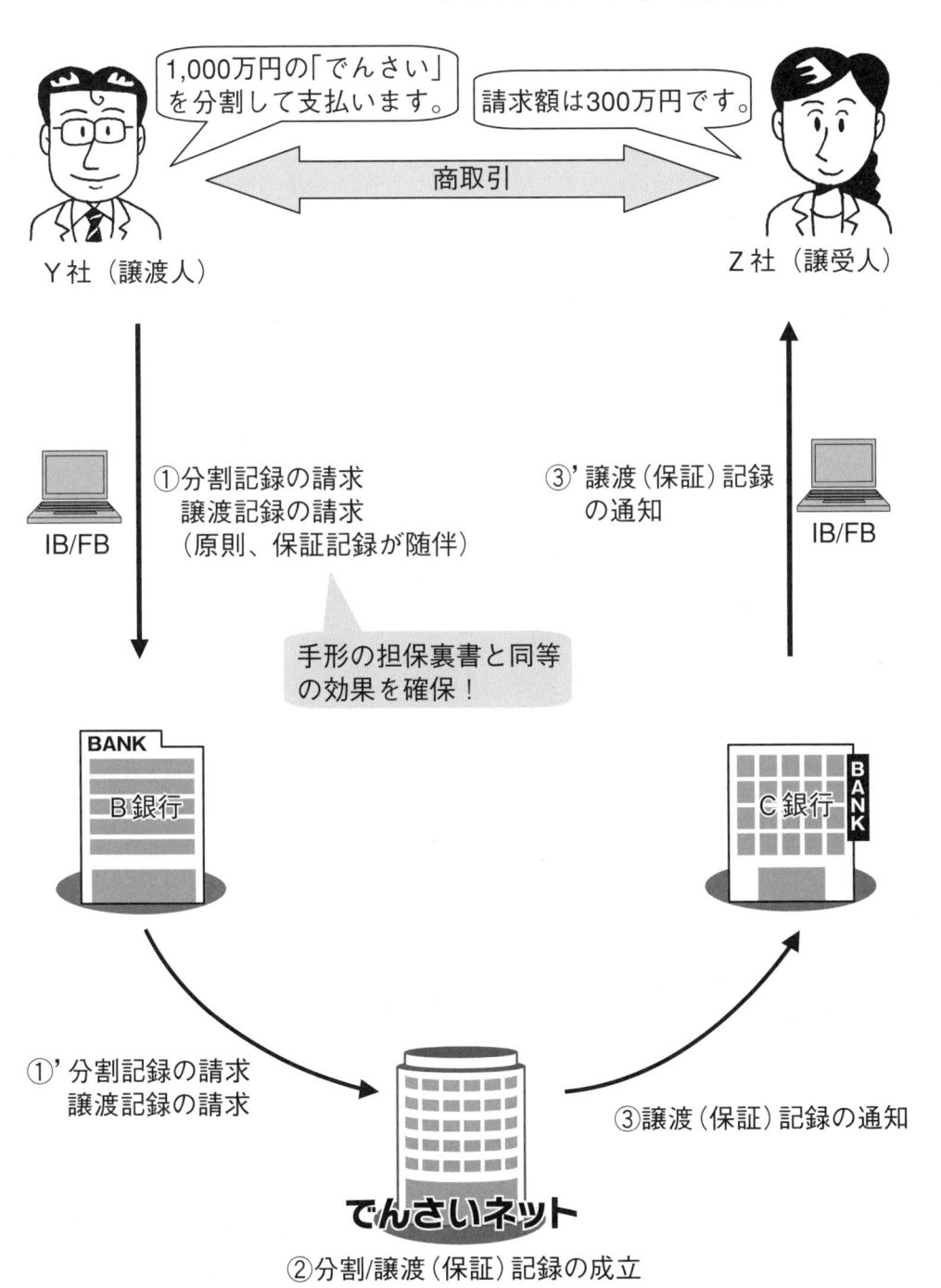

Q28 分割記録にはどのような事項が記録されるのですか？

A 分割記録は、分割元の親債権と分割先の子債権にそれぞれ記録されます。
記録される事項は、親債権と子債権で異なります。

解説

「でんさい」を分割すると、分割元の親債権と分割先の子債権の2つの債権に分かれます。その際、分割記録は親債権と子債権の双方に記録されますが、記録事項はそれぞれ異なります。

また、分割に伴い親債権の金額は減額されるほか、分割時点で有効だった記録については、親債権から子債権へ転写されます。

1．親債権に記録される事項

親債権の分割記録には、子債権と紐付けができるよう、子債権の記録番号が記録されます。

また、分割に伴い親債権の金額は減額されますので、減額後の金額が新たに記録されることになります。

2．子債権に記録される事項

子債権の分割記録には、新たに採番される子債権の記録番号のほか、親債権と紐付けができるよう、親債権の記録番号が記録されます。また、分割後の債権金額、債権者の氏名／名称・住所・決済口座情報等が記録されます（債権者は、親債権の債権者と同一となります）。

また、分割時点で有効だった記録、具体的には、発生記録、最新の譲渡記録、保証記録等については、親債権から子債権へ転写されます（ただし、債権金額は分割後の金額が記録されますので、発生記録に記録されている債権金額は転写されません）。

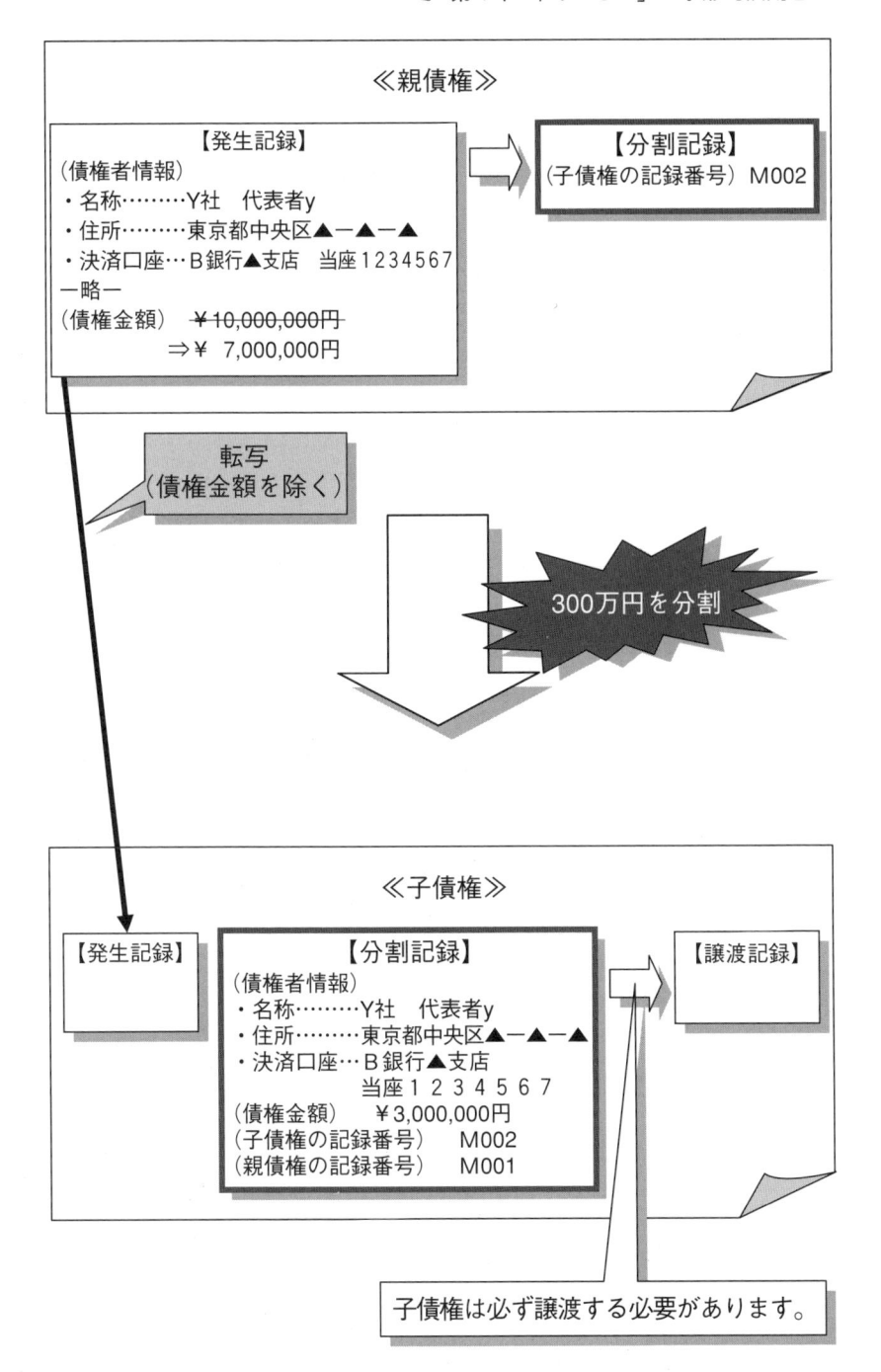

第4章 「でんさい」の手形的活用

≪親債権≫

【発生記録】
(債権者情報)
・名称………Y社　代表者y
・住所………東京都中央区▲ー▲ー▲
・決済口座…B銀行▲支店　当座1234567
ー略ー
(債権金額)　¥10,000,000円
　　　　　⇒¥ 7,000,000円

【分割記録】
(子債権の記録番号) M002

転写
(債権金額を除く)

300万円を分割

≪子債権≫

【発生記録】

【分割記録】
(債権者情報)
・名称………Y社　代表者y
・住所………東京都中央区▲ー▲ー▲
・決済口座…B銀行▲支店
　　　　　　当座1234567
(債権金額)　　¥3,000,000円
(子債権の記録番号)　M002
(親債権の記録番号)　M001

【譲渡記録】

子債権は必ず譲渡する必要があります。

-75-

Q29 譲渡や分割は何回までできるのですか？

A 「でんさい」には、譲渡・分割の回数制限はありません。

解説

　電子記録債権は記録機関のシステムで電子的に管理されます。そこで、電子記録債権法上は、システムのコスト負担の軽減・最適化を図ることができるよう、記録機関側で譲渡・分割に回数制限を設けることができるとされています。

　しかし、仮に譲渡・分割に回数制限を設けることとした場合、「でんさい」を譲り受けようとする者は、「残り何回譲渡できるのか？」、「残り何回分割できるのか？」といったことを確認する必要が生じるほか、その確認を怠った場合は譲渡や分割をしたくてもできなくなってしまうため、安心して利用することができなくなる懸念があります。結果として、利用者の利便性が低下し、制度普及の阻害要因にもなりかねません。

　そこで、でんさいネットでは、譲渡・分割に回数制限を設けることはせず、利用者が安心して「でんさい」を受け取れるようにしています。なお、電子記録債権法上は、保証にも回数制限を設けることができるとされていますが、でんさいネットでは、譲渡・分割と同様、保証にも回数制限は設けていません。

＜ 第4章 「でんさい」の手形的活用 ＞

でんさい

分割譲渡

でんさい

譲渡

でんさい

でんさい

譲渡

分割譲渡

でんさい

でんさい発生

分割譲渡

でんさい

譲渡

譲渡・分割・保証に回数制限なし！

Q30 「でんさい」の保証方法とその手順を教えてください。

A 「でんさい」を譲渡する際は、原則として保証記録もセットで記録されます。
譲渡を伴わずに保証記録を行うことも可能ですが、手順が異なります。

解説

1．譲渡とセットで行われる保証記録

　手形を裏書譲渡した裏書人は、原則として遡求義務（担保責任）を負い、その手形が不渡りになった場合は、被裏書人その他自分より後にその手形を取得した者に対して、手形金償還の請求に応じる義務を負うことになります。

　「手形的利用」を想定しているでんさいネットでは、そのような手形の担保裏書と同等の効果を確保するために、「でんさい」を譲渡する際は、原則として保証記録もセットで記録される仕組みとしています。したがって、「でんさい」を譲渡しようとする債権者（譲渡人）は、「保証しない」という特段の意思表示をしない限り、保証記録請求も併せて行ったものとして保証記録にその氏名等が記録されることになります（【Q31】参照）。なお、譲渡を受けた譲受人は、譲渡人の保証が不要である場合は、保証記録のみを取り消すこともできます。

2．譲渡を伴わない保証記録

　手形では、その券面上に保証する旨の文字を記載し、署名することにより、手形上の債務を担保する手形保証を行うことができます。

　でんさいネットの「でんさい」でも、手形保証のように、譲渡の有無にかかわらずに保証記録を行うことができます。譲渡を伴わずに保証記録を行おうとする場合は、債権者から保証人に対して保証の承諾

　　　　　　　　　　第4章 「でんさい」の手形的活用

を依頼し、承諾依頼の通知日から5営業日以内に保証人の承諾を得る必要があります（保証人は、否認することもできます。また、承諾も否認もせずに5営業日を経過した場合は、否認されたものとして扱われます）。

　なお、この場合の保証人は、債務者と同様、利用者要件として金融機関で一定の審査を経る必要があります（【Q14】参照）。

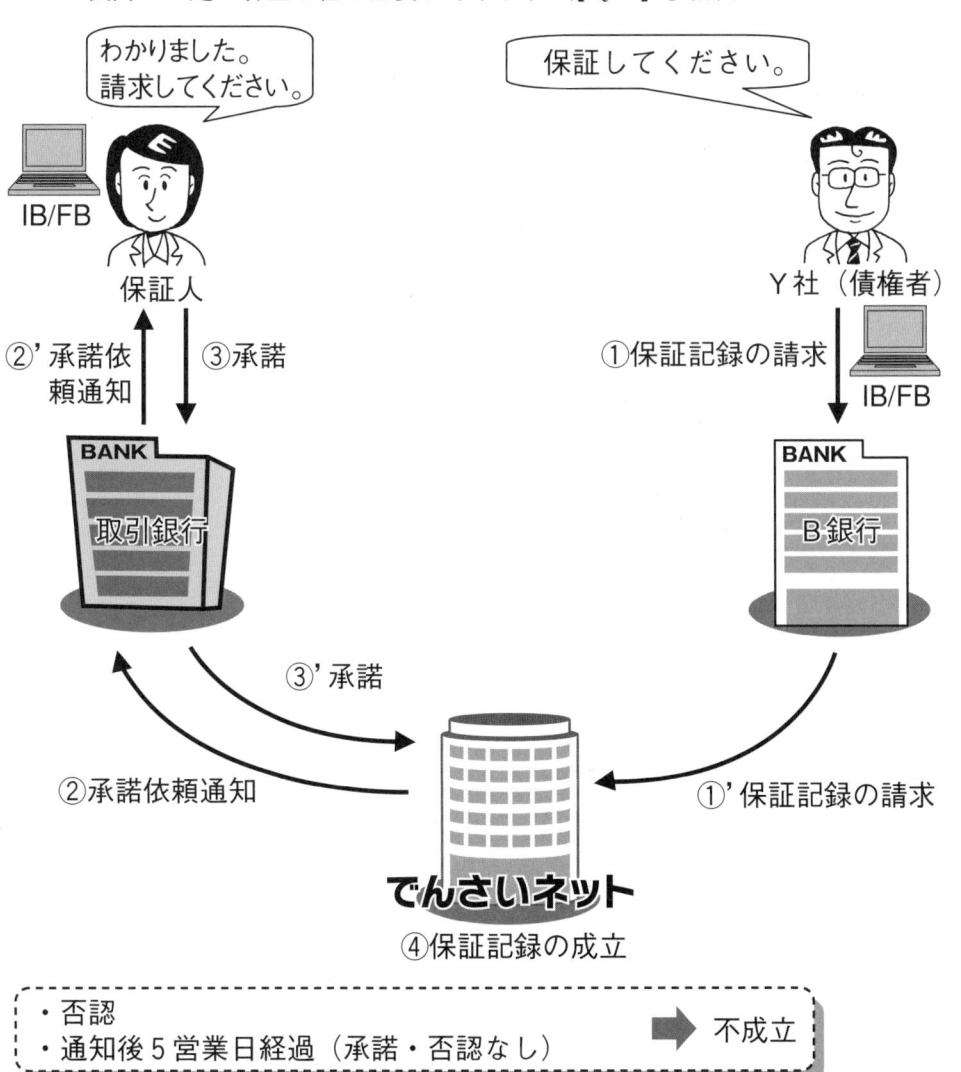

わかりました。請求してください。

保証してください。

IB/FB　保証人

Y社（債権者）
①保証記録の請求　IB/FB

②'承諾依頼通知　　③承諾

取引銀行　　　　　B銀行

　　　　　③'承諾

②承諾依頼通知　　　　　①'保証記録の請求

でんさいネット
④保証記録の成立

・否認
・通知後5営業日経過（承諾・否認なし）　➡　不成立

-79-

Q31 保証記録にはどのような事項が記録されるのですか？

A 保証人の氏名／名称・住所・決済口座情報、債務者の氏名／名称・住所・決済口座情報等が記録されます。

解説

保証記録には、主に次のような事項が記録されます。

①保証人の氏名／名称・住所・決済口座情報

保証人となる者の氏名／名称（法人の場合は代表者名を含む）・住所等が記録されます。でんさいネットでは、「でんさい」を譲渡する際は原則として保証記録もセットで記録されるため（【Q30】参照）、多くの場合、譲渡人の名称等が保証記録に記録されることになります。

なお、通常、保証人は直接決済に関与しませんが、でんさいネットでは、決済口座情報によって取引相手を特定するため、保証人の決済口座情報も記録されます。

②債務者の氏名／名称・住所・決済口座情報

保証する債務の債務者名等が記録されます。でんさいネットでは、発生記録に記録されている債務者の氏名等が自動的に記録されることになり、決済口座情報も記録されるほか、法人の場合は代表者名も記録されます。

第4章 「でんさい」の手形的活用

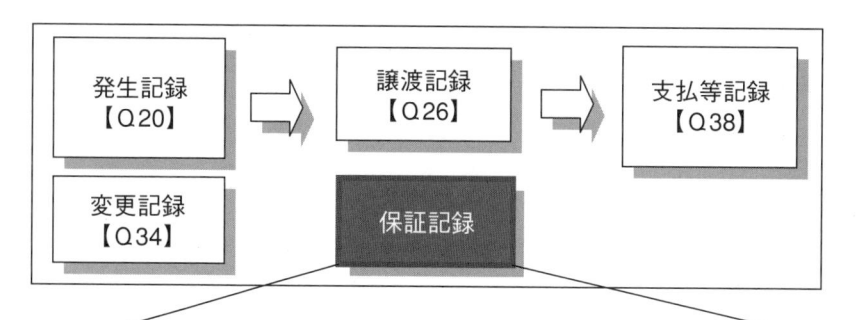

```
発生記録       譲渡記録       支払等記録
【Q20】   ⇒   【Q26】   ⇒   【Q38】

変更記録       保証記録
【Q34】
```

【保証記録】
（保証人情報）
・名称………Y社　代表者y
・住所………東京都中央区▲－▲－▲
・決済口座…B銀行▲支店　当座1234567

（債務者情報）
・名称………X社　代表者x
・住所………東京都千代田区●－●－●
・決済口座…A銀行●支店　当座1234567

発生記録に記録されている債務者

Q32 特別求償権とは何ですか？

A 保証記録に記録されている保証人が債務者に代わって弁済した場合に取得する権利です。
民法上の求償権とは異なるため、特別求償権といいます。

解説

　求償権とは、例えば、保証人が債務者に代わって弁済した場合に、保証人が債務者に対して弁済資金の返還を求めることができる権利のことです。

　手形と同様に高度な流通性が期待される電子債権制度上の保証は、手形保証と同様に独立性を有しており、主たる債務（債務者が負担する債務）が無効である場合であっても、保証人（保証記録に保証人として記録されている者）は保証債務を負担することとされています（民法上の保証の場合は、主たる債務が無効であれば、原則として保証人も保証債務を負担しません）。

　また、電子債権制度上の保証は、手形の遡求制度をまかなうことも想定されており、保証人の求償権は、遡求義務を果たした手形裏書人の再遡求権と類似のものとして整備されています。

　以上のような観点から、電子記録債権法では、民法上の求償権とは異なる特別な求償権という意味で、「特別求償権」が規定されています。

　保証人が債務者に代わって弁済した場合は、支払等記録に支払者として保証人の名称等が記録され（【Q38】参照）、特別求償権を取得します。特別求償権を取得した保証人は、債務者のほか、自身が保証人となる前に保証をしていた他の保証人等に対して、弁済資金等の返還を請求できることになります。

第4章 「でんさい」の手形的活用

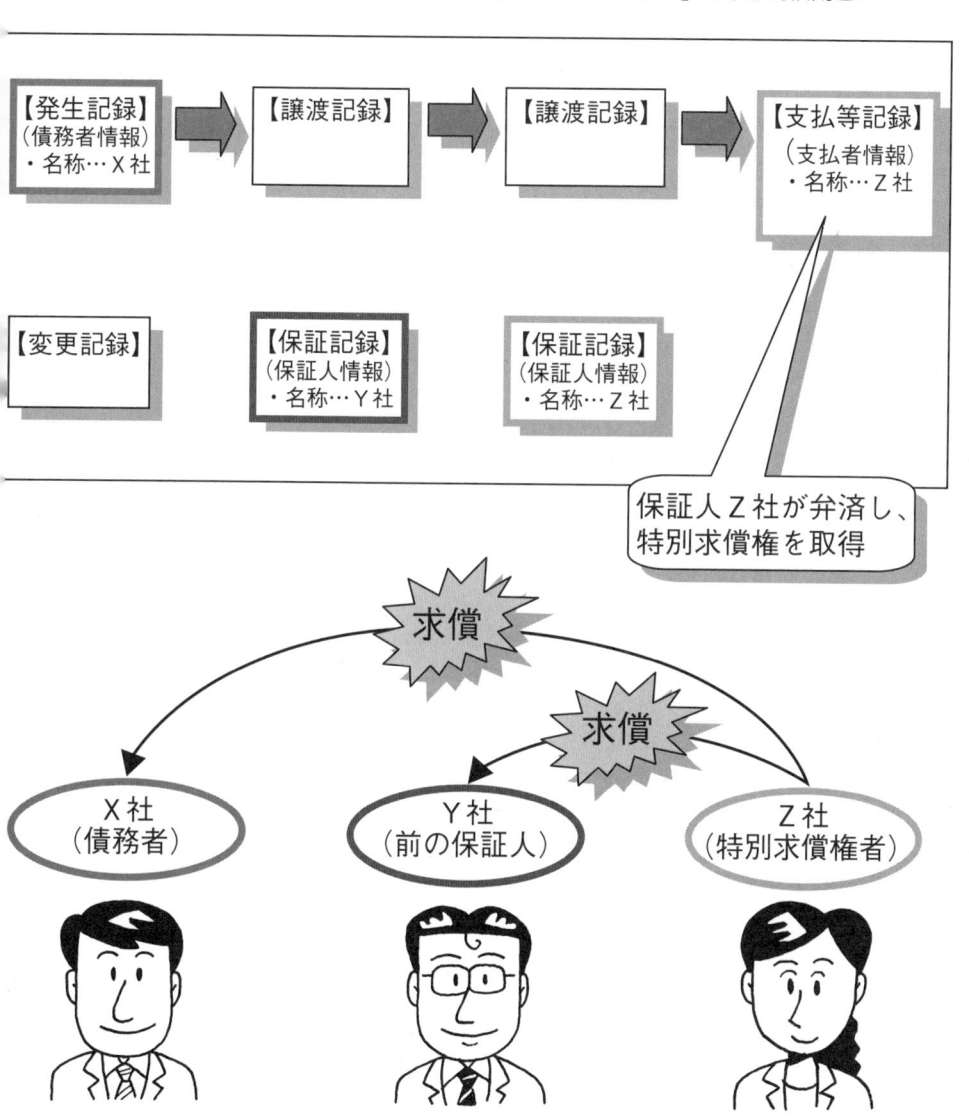

【発生記録】
（債務者情報）
・名称…X社

【譲渡記録】

【譲渡記録】

【支払等記録】
（支払者情報）
・名称…Z社

【変更記録】

【保証記録】
（保証人情報）
・名称…Y社

【保証記録】
（保証人情報）
・名称…Z社

保証人Z社が弁済し、特別求償権を取得

求償

求償

X社
（債務者）

Y社
（前の保証人）

Z社
（特別求償権者）

Q33 「でんさい」の記録事項を変更することはできますか？変更方法とその手順を教えてください。

A 利害関係者の承諾があれば変更できます（記録の取消も可能です）。
変更方法は、変更する内容および変更対象となる「でんさい」の状態によって異なります。

解説

「でんさい」に記録された内容を変更したい場合は、変更記録を行うことになります。変更方法およびその手順は、変更する内容（「1．利用者の属性に関する記録を変更する場合」、「2．債権金額など利用者属性以外の記録を変更する場合」）によって異なります。

また、利用者属性以外の記録を変更する場合は、利害関係者の承諾が必要となりますが、変更対象となる「でんさい」の状態によってその手順が異なります。

1．利用者の属性に関する記録を変更する場合

利用者の属性に関する記録、具体的には氏名／名称、住所、決済口座情報を変更する場合は、利害関係者は存在しませんので、変更希望者が単独で記録請求することができます。

なお、複数の「でんさい」がある場合は、一つひとつの「でんさい」に対して変更記録を請求する必要はなく、一度属性情報の変更記録を請求すれば、すべての「でんさい」について自動的に変更記録が行われる仕組みとしています（ただし、債務者を支払者とする支払等記録がなされた「でんさい」については、変更記録は行われません）。

2．債権金額など利用者属性以外の記録を変更する場合

債権金額や支払期日など、利用者属性以外の記録を変更する場合は、

利害関係者の承諾が必要です。この場合の変更記録の請求方法および利害関係者の承諾の取り方は、変更対象となる「でんさい」の状態によって、次のようになります。

①発生直後（利害関係者が債務者と債権者しかいない状態）

　発生記録が行われた直後、つまり変更対象となる「でんさい」の利害関係者が債務者と債権者しかいない状態であれば、オンラインで承諾を取ることができます。

　例えば、債務者が発生記録を請求した後、金額相違が判明した場合などが考えられます。この場合、債務者、あるいは債権者のどちらか一方からオンラインで変更記録を請求し、5営業日以内に相手方（債務者が請求した場合は債権者、債権者が請求した場合は債務者）が承諾をすれば、変更記録が成立します（相手方が否認した場合、あるいは承諾も否認もせずに5営業日経過した場合は、否認されたものとして扱われ、変更記録は成立しません）。

　なお、この場合に変更できる項目は、「債権金額」、「支払期日」、「譲渡先制限の有無」、「発生記録の取消」に限られます。そのうち、「発生記録の取消」については、「債務者請求方式」による発生記録後5営業日以内であれば、債権者が単独で取り消すことが可能です（【Q24】参照）。

②譲渡等がされた後（利害関係者が3名以上いる状態）

　譲渡記録や保証記録がされた後は、債務者、債権者に加えて、譲受人や保証人といった利害関係者が存在します。このように利害関係者が3名以上いる状態では、システムを通じて5営業日以内に利害関係者全員から承諾を得ることは非常に困難です。

　そこで、譲渡等がされた後に変更記録を請求しようとする利用者は、書面で利害関係者の承諾を得たうえで、請求者の取引金融機関を通じて書面で変更記録を請求することとしています。

[1．利用者の属性に関する記録を変更する場合]

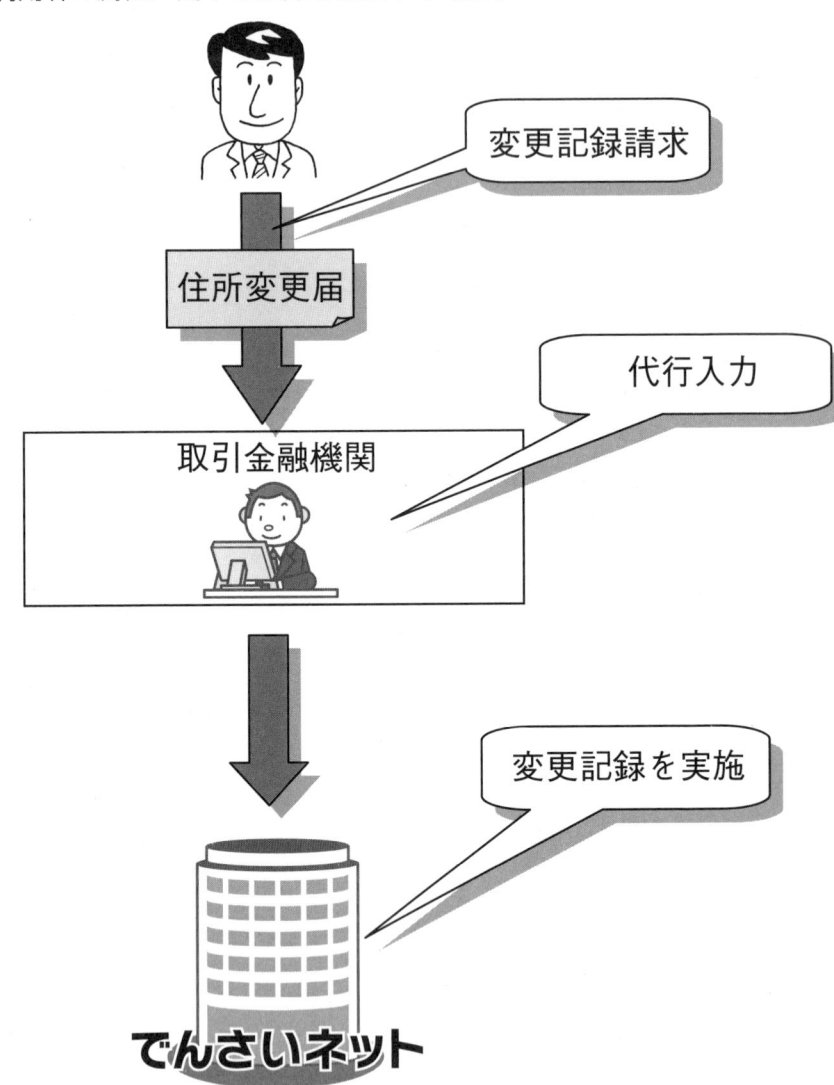

- 変更記録請求
- 住所変更届
- 取引金融機関
- 代行入力
- でんさいネット
- 変更記録を実施

第4章 「でんさい」の手形的活用

[2．債権金額など利用者属性以外の記録を変更する場合]
①発生直後（利害関係者が債務者と債権者しかいない状態）

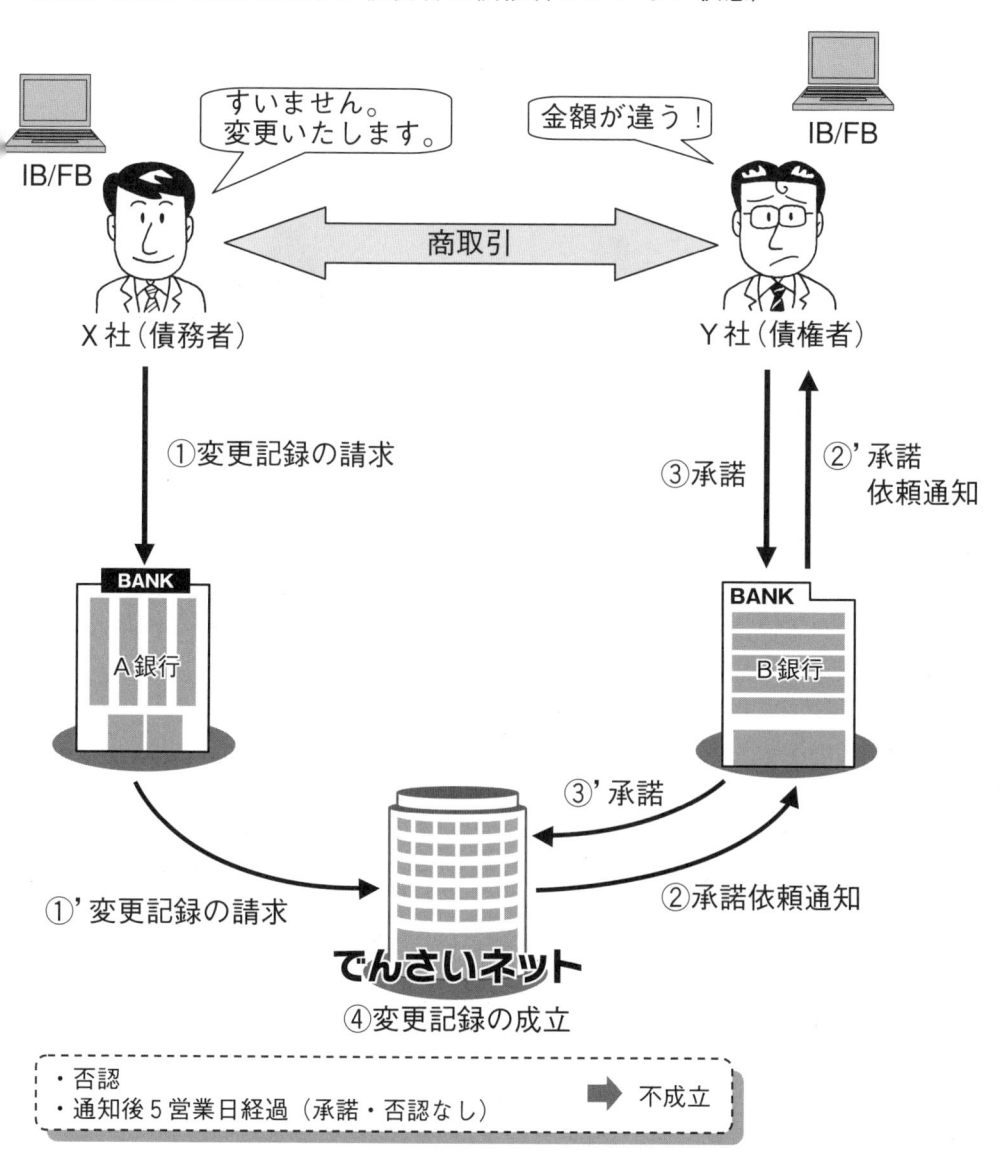

X社（債務者）「すいません。変更いたします。」
Y社（債権者）「金額が違う！」
商取引

①変更記録の請求 → A銀行
②'承諾依頼通知
③承諾
①'変更記録の請求 → でんさいネット
②承諾依頼通知 → B銀行
③'承諾
④変更記録の成立

・否認
・通知後5営業日経過（承諾・否認なし） ➡ 不成立

-87-

②譲渡等がされた後（利害関係者が３名以上いる状態）

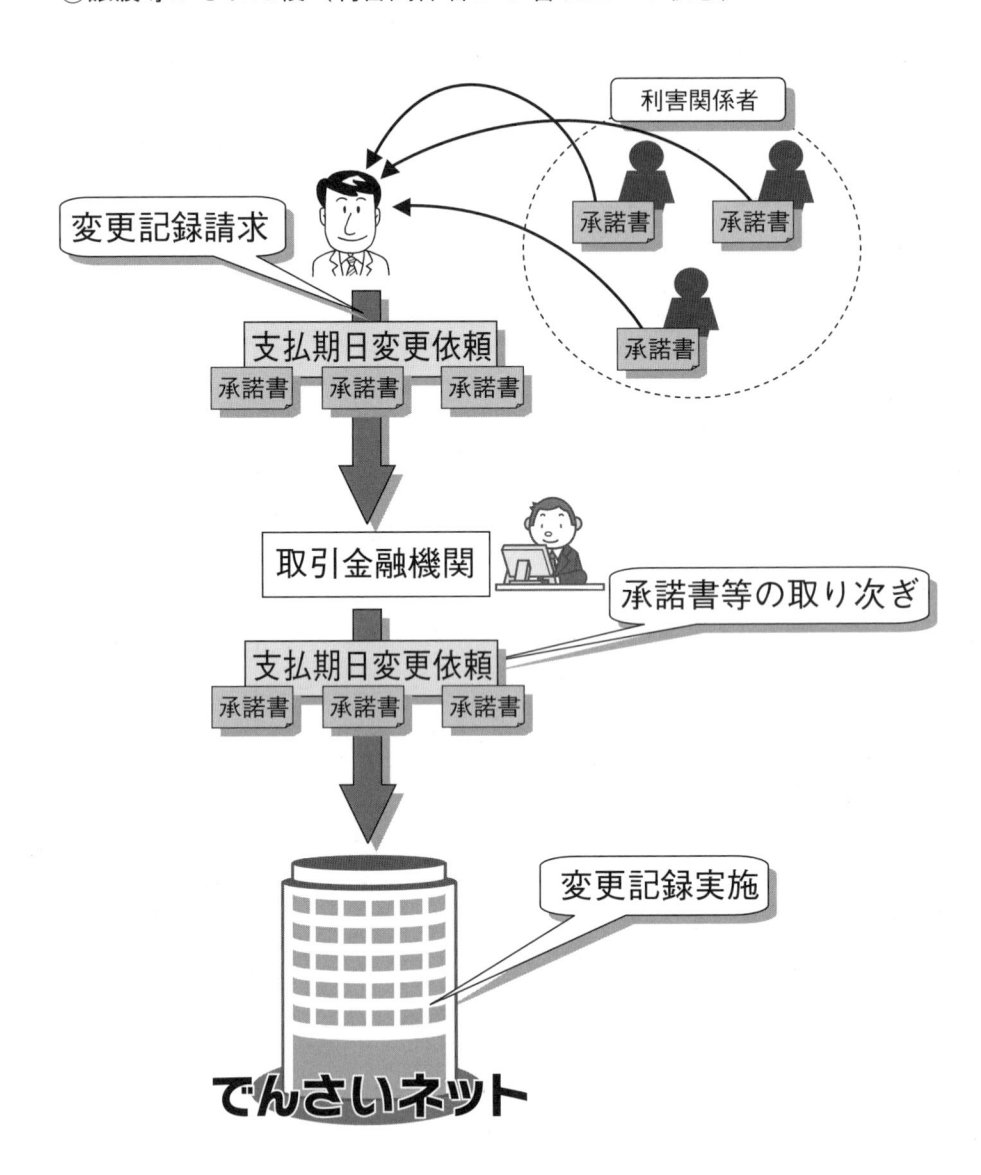

第4章 「でんさい」の手形的活用

Q34 変更記録にはどのような事項が記録されるのですか？

A 変更する記録事項、変更原因、変更後の内容等が記録されます。

解説

変更記録には、主に次のような事項が記録されます。

①変更する記録事項

発生記録や譲渡記録などに記録されている様々な記録事項のうち、どの記録事項を変更するのかを記録します。例えば、発生記録に記録されている債権金額を変更する場合であれば、「変更する記録事項：債権金額」と記録されることになります。

②変更原因

変更原因を記録します。例えば、住所を変更する場合であれば、「住所移転・住居表示変更」と記録されることになります。

主な変更原因としては、「商号・名称変更」、「住所移転・住居表示変更」、「決済口座変更」、「合併による変更」、「会社分割による変更」、「相続による変更」、「債権内容の変更（利用者属性情報以外）」、「原因契約の解除」、「求償権譲渡」などを想定しています。

③変更後の内容

変更後の新たな内容が記録されます。なお、記録を取り消す場合は、その電子データ自体を消去するのではなく、取り消されたことが履歴としてわかるようにするため、その記録を削除する旨の変更記録をすることになります。

第4章 「でんさい」の手形的活用

```
発生記録      →   譲渡記録      →   支払等記録
【Q20】            【Q26】             【Q38】

変更記録            保証記録
                    【Q31】
```

【変更記録】

≪債権金額を変更するケース≫
(変更する記録事項) 債権金額
(変更原因) 債権内容の変更
(変更後の内容) ￥15,000,000円

≪発生記録を取り消すケース≫
(変更する記録事項) 発生記録
(変更原因) 原因契約の解除
(変更後の内容) 削除

Q35 「でんさい」の支払方法とその手順を教えてください。

A 支払期日になると、債務者口座から債権者口座へ自動的に送金されます。
振込手続や手形の取立手続のような面倒な手続は一切不要です。

解説

でんさいネットでは、以下のような手順により、支払期日に債務者口座から債権者口座へ自動的に送金する仕組みを採用しています。これは、でんさいネットを利用する大きなメリットのひとつといえます。

1．支払期日の2営業日前

支払期日の2営業日前になると、でんさいネットは、債務者の取引金融機関（仕向金融機関）に対して、決済情報（債権者の口座情報、債権金額、記録番号等）を提供します。仕向金融機関では、でんさいネットから受けた決済情報をもとに、口座間送金（振込）の準備を開始します。

なお、支払期日前後の一定期間は、口座間送金決済の手続を行うため債権をロックしますので、原則として記録請求を行うことができなくなります（【Q21】参照）。

2．支払期日当日

支払期日になると、仕向金融機関は、債権者の取引金融機関（被仕向金融機関）に対して口座間送金決済を実施します。その際、債務者と債権者は、特段手続を行う必要はありません。

送金を行った仕向金融機関は、でんさいネットに対し、口座間送金決済を行った旨を通知します（口座間送金決済通知）。また、資金不足等により口座間送金決済を行うことができなかった場合（【Q40】

参照)は、その旨をでんさいネットに通知します(支払不能通知)。

　口座間送金決済により資金を受領した債権者は、支払期日当日から資金を利用することが可能となります(【Q37】参照)。

3．支払期日の3営業日後 (※)

　口座間送金決済通知または支払不能通知を受けたでんさいネットは、支払期日の3営業日後に、支払等記録または支払不能登録を行います。ここで「3営業日後」としているのは、口座番号相違等の理由で債権者口座に入金できないケースを考慮して、そのための確認期間を設けているためです。

(※) 実際は、2営業日後の営業時間終了後に処理されますが、利用者が確認できるのは3営業日後になります。

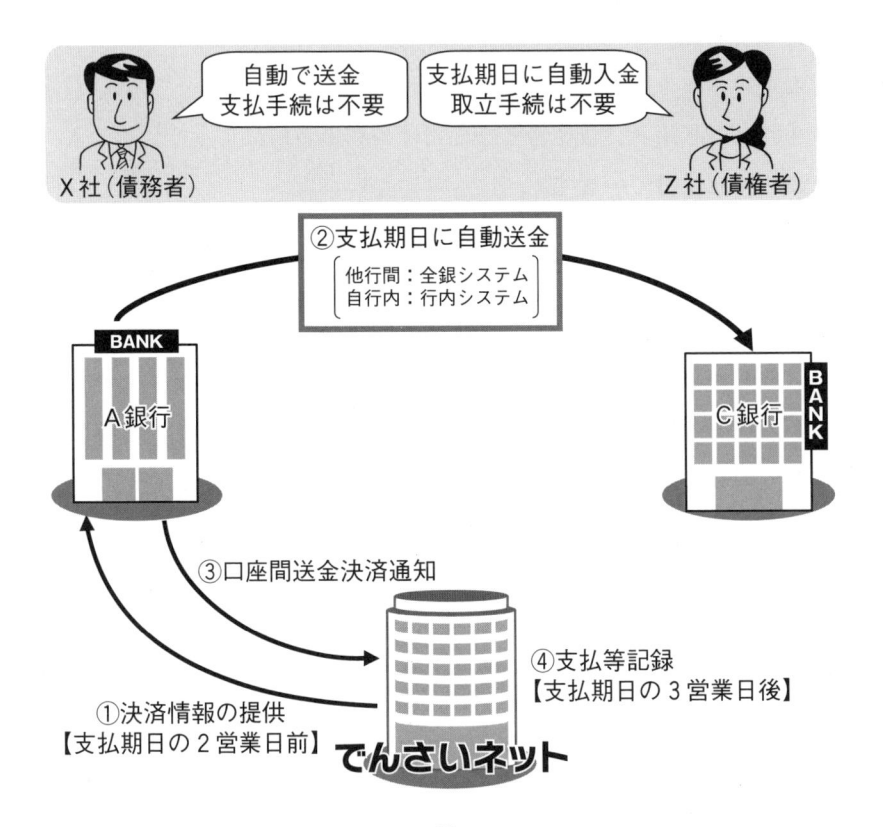

図中:
- X社(債務者)「自動で送金 支払手続は不要」
- Z社(債権者)「支払期日に自動入金 取立手続は不要」
- ②支払期日に自動送金（他行間:全銀システム／自行内:行内システム）
- A銀行 → C銀行
- ①決済情報の提供【支払期日の2営業日前】
- ③口座間送金決済通知
- ④支払等記録【支払期日の3営業日後】
- でんさいネット

Q36 決済口座は、手形と同様、当座預金口座に限定されるのですか？

A 普通預金口座も利用できます（金融機関によっては、当座預金口座に限定される場合もあります）。

解説

　手形を振り出そうとする場合は、金融機関に当座預金口座を開設する必要がありますが、債権者としてでんさいネットを利用するだけの場合（手形の振出行為は行わず、手形の所持人として取立依頼のみ行うような使い方をする場合）は、必ずしも当座預金口座を開設する必要はありません。

　でんさいネットの場合は、その利用形態（債務者として「でんさい」を発生させる利用者、債権者となるだけの利用者）によって、次のようなルールを設けています。

1．債務者として「でんさい」を発生させる利用者

　でんさいネットでは、手形と異なり、債務者として「でんさい」を発生させる利用者であっても、当座預金口座の開設を必須とはしておらず、普通預金口座を利用することもできることとしています。ただし、金融機関の判断により、当座預金口座に限定することもできるようにしているため、金融機関によっては当座預金口座の開設が必要となる場合もあります。

2．債権者となるだけの利用者

　債権者となるだけの利用者については、当座預金口座、普通預金口座のどちらでも利用することが可能です。

	1. 債務者として「でんさい」を発生させる利用者	2. 債権者となるだけの利用者
決済口座	普通／当座 ※当座に限定する金融機関もあり。	普通／当座

Q37 決済資金はいつから利用できますか？

A 支払期日当日から利用できます。
交換日に資金化されない手形と異なり、「でんさい」のメリットのひとつです。

解説

手形の場合、金融機関に取立を依頼しても、すぐに資金化（現金化）されるわけではなく、通常は、交換日の翌営業日以降となります。これは、その手形が不渡りになるかどうかは、交換日の翌営業日にならないと確定しないためです。

他方、「でんさい」の場合は、債務者口座から債権者口座への口座間送金決済（振込）によって決済されますので、原則として（債務者が資金不足とならない限り）支払期日中に債権者口座に入金され、債権者は、支払期日当日から資金を自由に利用することが可能となります。

これは、手形と異なる「でんさい」特有のメリットのひとつといえます。

第4章 「でんさい」の手形的活用

[手形の場合]

日	月	火	水	木	金	土
					1日	2日
3日	4日	5日	6日	7日	8日	9日
10日	11日	12日	13日	14日	15日	16日
17日	18日	19日	20日	21日	22日	23日
24日	25日	㊻26日	27日	28日	29日	30日
31日						

25日：交換日
26日：資金化日

[でんさいの場合]

日	月	火	水	木	金	土
					1日	2日
3日	4日	5日	6日	7日	8日	9日
10日	11日	12日	13日	14日	15日	16日
17日	18日	19日	20日	21日	22日	23日
24日	㊻25日	26日	27日	28日	29日	30日
31日						

25日：支払期日＝口座入金日

-97-

Q38 支払等記録にはどのような事項が記録されるのですか？

A 支払金額、支払日、支払者の氏名／名称・住所・決済口座情報、支払内容等が記録されます。

解説

支払等記録には、主に次のような事項が記録されます。

①支払金額

でんさいネットでは、口座間送金決済（【Q35】参照）による全額支払が原則ですので、通常は、発生記録に記録されている債権金額と同額の金額が記録されます。例外的に一部金額を弁済した場合（【Q39】参照）は、その弁済金額が記録されます。

②支払日

通常は、口座間送金決済が行われた日、つまり発生記録に記録されている支払期日がそのまま記録されます。口座間送金決済以外の支払による場合は、利用者が指定した支払日が記録されます。

③支払者の氏名／名称・住所・決済口座情報

通常は、債務者の氏名等が記録されます。口座間送金決済以外の支払による場合は、支払者（保証人など）の氏名等が記録されます（いずれの場合も、法人であれば代表者名も記録されます）。

④支払内容

通常は、「口座間送金決済による支払」である旨が記録されます。口座間送金決済以外の支払による場合は、利用者が請求した内容（例えば、「相殺」、「混同」、「免除」等）が記録されます。

第4章 「でんさい」の手形的活用

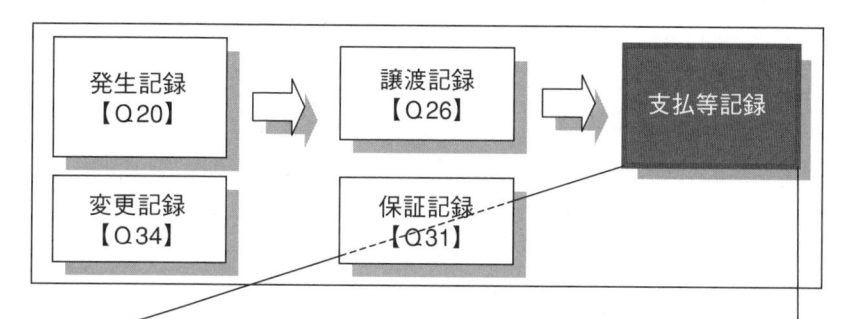

```
┌─────────────────────────────────────────────────┐
│  ┌──────────┐    ┌──────────┐    ┌──────────┐  │
│  │ 発生記録 │ ⇒  │ 譲渡記録 │ ⇒  │ 支払等記録│  │
│  │ 【Q20】  │    │ 【Q26】  │    │          │  │
│  └──────────┘    └──────────┘    └──────────┘  │
│  ┌──────────┐    ┌──────────┐                   │
│  │ 変更記録 │    │ 保証記録 │                   │
│  │ 【Q34】  │    │ 【Q31】  │                   │
│  └──────────┘    └──────────┘                   │
└─────────────────────────────────────────────────┘
```

【支払等記録】

（支払金額）　￥7,000,000円
（支払日）　　2010年6月30日
（支払者情報）
・名称………Ｘ社　代表者ｘ
・住所………東京都千代田区●ー●ー●
・決済口座…Ａ銀行●支店　当座1234567

（支払内容）　口座間送金決済による支払

Q39 口座間送金決済以外の方法で支払い、支払等記録を行うことはできますか？

A 「でんさい」は、口座間送金決済による支払が原則です。ただし、例外的に口座間送金決済以外の支払にもとづく支払等記録を行うこともできます。
支払等記録の請求には、複数の方法があります。

解説

　でんさいネットで扱う「でんさい」は、口座間送金決済による方法（【Q35】参照）で支払うことが原則です。ただし、例外的に、口座間送金決済以外の支払にもとづく支払等記録を請求することもできるようにしています。

1．支払期日前

　支払期日前の段階では、債務者、保証人（保証記録に記録されている者）が支払者となる支払等記録に限り、請求が可能です。ただし、支払等記録の請求は全額弁済の場合に限られるほか、保証人が支払者となる場合は、債務者が破産した場合等の一定のケースに限られます。

2．支払期日後

　支払期日経過後は、債務者、保証人に加え、第三者（例えば、保証記録によらず、別途書面で保証契約を締結している保証人等）が支払者となる支払等記録の請求が可能です。また、発生記録の債務者が支払者である場合は、全額弁済に限らず、一部金額を弁済する場合も認められます。

3．支払等記録の請求方法

　口座間送金決済の場合は、利用者からの請求なしに、仕向金融機関からの通知（口座間送金決済通知）にもとづいてでんさいネットが職権で支払等記録を行いますが、口座間送金決済以外の支払の場合は、

利用者の支払等記録請求にもとづいて行われることになります。
①債権者の単独請求による方法（支払期日の3営業日前まで）
　支払を受けた債権者は、単独で支払等記録を請求することができます。ただし、支払期日の2営業日前になると、でんさいネットから仕向銀行に決済情報が提供され、口座間送金決済の手続が開始されてしまいますので、支払期日の3営業日前までに請求する必要があります。
②支払者の請求につき債権者の承諾を得る方法（支払期日の7営業日前まで）
　支払者（債務者、保証人等）の請求に対して、5営業日以内に債権者の承諾を得る方法により支払等記録を行うことも可能です。この場合も、上記①と同様、支払期日の3営業日前までに支払等記録を成立させる必要がありますが、債権者の承諾期間である5営業日を加味し、支払期日の7営業日前までに請求する必要があります（期日前に保証人が請求する場合は、債務者の同意が必要となる場合もあります）。

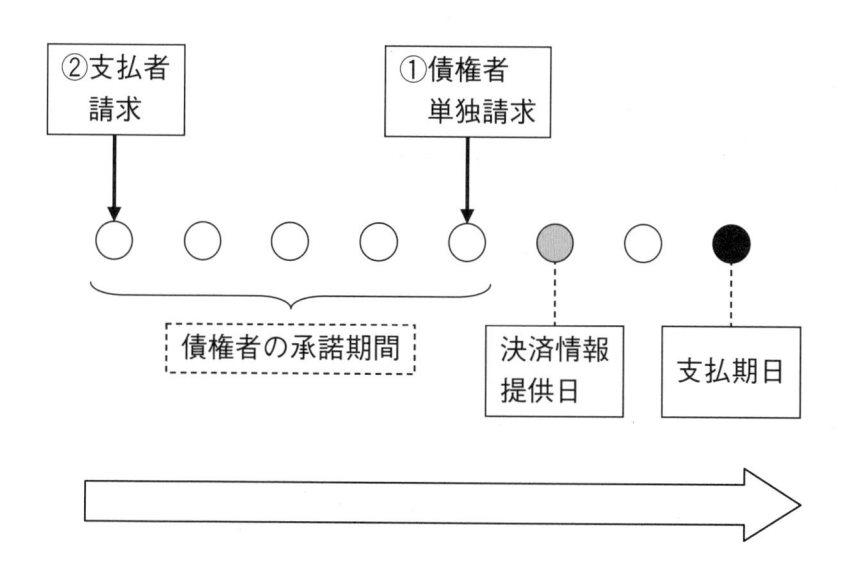

Q40 支払期日に債務者が資金不足となった場合、どうなるのですか？

A 資金不足により支払ができなかった債務者は、手形の取引停止処分と同等のペナルティが課されることになります（詳細は検討中です）。

解説

　手形交換制度では、振出人（債務者）が支払期日に資金を用意できず、手形が不渡りとなった場合は、一定のペナルティが課せられることになっています。具体的には、6カ月間に2回以上の不渡りを出した振出人に対して、金融機関は、当座勘定取引と新規の貸出取引を2年間停止する措置をとります（1回目不渡りの際は「不渡報告」、2回目不渡りの際は「取引停止報告」として交換所に加盟している金融機関に通知されます）。この支払強制力のある制度により、手形・小切手の信頼性が高められ、円滑な信用取引が維持されています。

　電子記録債権制度においても、その立法過程において、「債権の期限に支払えない債務者への対応措置の検討を行うこと等により取引全体の安全性と健全性の確保に努めること」（参議院財政金融委員会の付帯決議）とされていることなどからもわかるように、信頼性確保のための制度の整備が期待されています。そこで、でんさいネットでは、6カ月間に2回以上（手形の不渡りと同様、同日に複数の「でんさい」が支払不能となった場合は、「支払不能：1回」としてカウント）支払不能となった債務者に対して、手形の取引停止処分と同等のペナルティ（具体的には、債務者としてのでんさいネットの利用とでんさいネット参加金融機関による新規貸出を2年間停止）を課す方向で検討中です。また、手形交換制度における「不渡報告」、「取引停止報告」のように、でんさいネットの場合も、でんさいネット参加金融機関に

対し、1回目支払不能、2回目支払不能の通知を行うこととしています。手形交換制度で認められている異議申立についても、同様の制度を設ける予定です。

なお、手形交換制度における取引停止処分は、手形法に定められた制度ではなく、手形交換所が定める民間ルールとして運用されていますが、この支払不能ルールも、でんさいネットが独自に定める民間ルールとして運用されます。

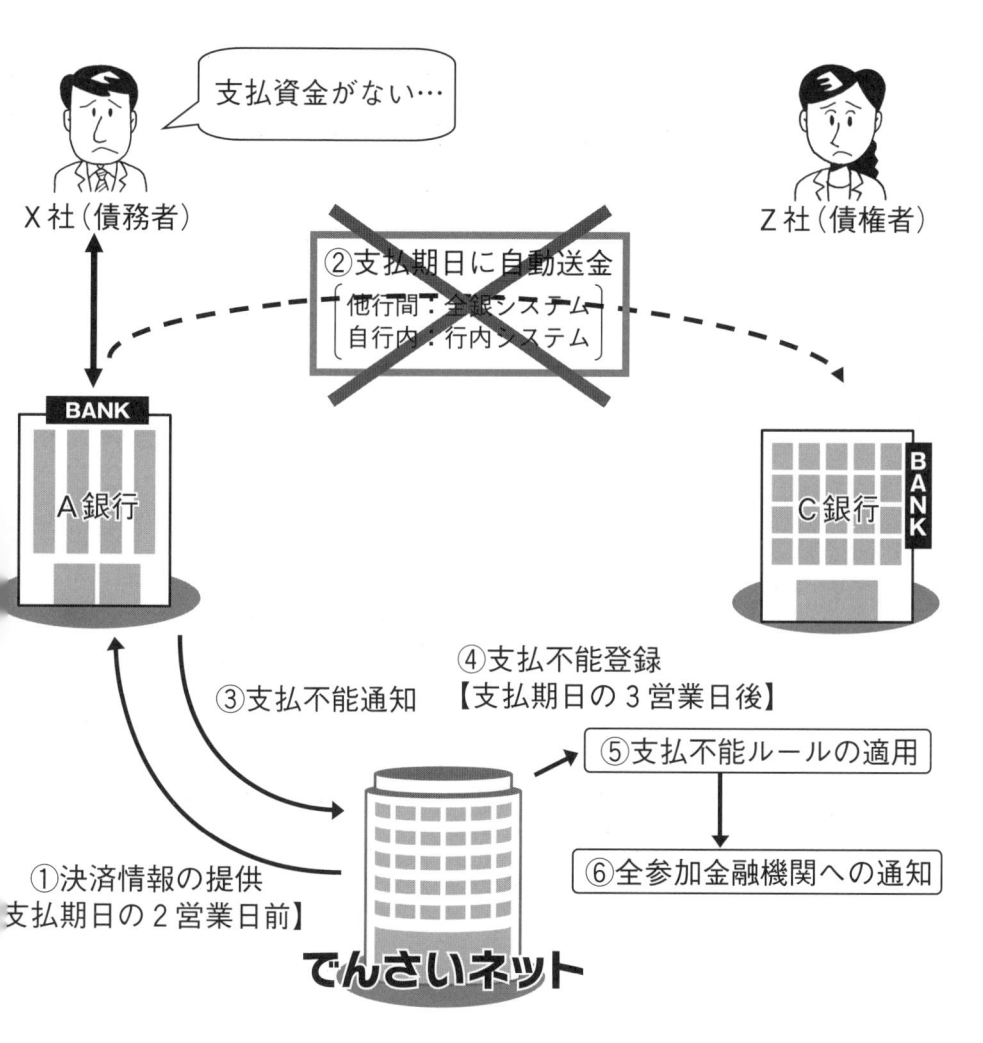

Q41 分割された「でんさい」のうち、一部の「でんさい」のみが資金不足となった場合はどうなりますか？

A でんさいネットでは、資金の引落しに関する特別なルールは設けていません。

対応は、債務者の取引金融機関（仕向金融機関）に委ねられています。

解説

でんさいネットの「でんさい」は、債権者が単独で分割譲渡をすることができますが（【Q27】参照）、分割された結果、そのうちの一部の「でんさい」のみが資金不足となってしまうケースも考えられます。

例えば、1,000万円で発生した「でんさい」が、転々譲渡される中で①300万円、②300万円、③400万円の3つに分割譲渡され、支払期日を迎えたとします。ここで、債務者が600万円しか資金を用意できなかった場合、仮に①と②（計600万円）について口座間送金決済を実施したとすると、③の400万円分が資金不足となります。一方、③について口座間送金決済を実施した場合は、残り200万円となり、①、②ともに資金不足となります。

このように、でんさいネットでは、資金の引落しに関する特別なルールは設けていません。これは、支払期日が同日である複数の手形が不渡りとなった場合も同様であり、資金の引落し時間、記帳方法等を含め、その対応は債務者の取引金融機関（仕向銀行）に委ねられています（「でんさい」以外の引落しとの関係についても同様です）。

なお、6カ月間に2回以上支払不能となった債務者に対しては、手形の取引停止処分と同等のペナルティを課す方向で検討中ですが、同日に複数の「でんさい」が支払不能となった場合は、手形と同様「支

第4章 「でんさい」の手形的活用

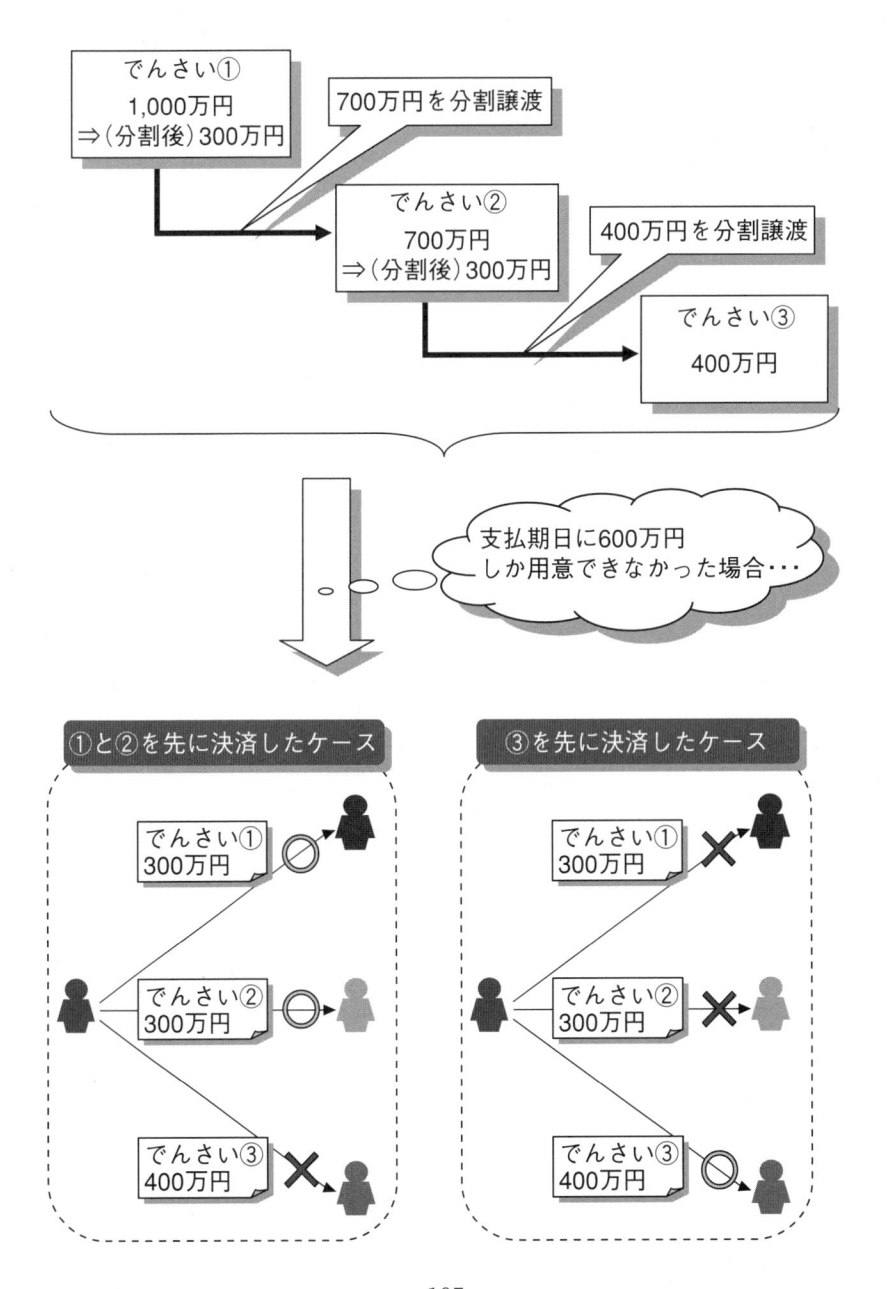

払不能：1回」としてカウントされます（【Q40】参照）。

```
でんさい①
1,000万円
⇒（分割後）300万円    700万円を分割譲渡

        でんさい②
        700万円
        ⇒（分割後）300万円    400万円を分割譲渡

                    でんさい③
                    400万円
```

支払期日に600万円しか用意できなかった場合…

①と②を先に決済したケース

- でんさい① 300万円 〇
- でんさい② 300万円 〇
- でんさい③ 400万円 ✕

③を先に決済したケース

- でんさい① 300万円 ✕
- でんさい② 300万円 ✕
- でんさい③ 400万円 〇

-105-

Q42 「でんさい」には手形のように券面がありませんが、記録された内容はどのように確認できるのですか？

A 開示機能を利用して確認することができます。
開示請求についても、記録請求と同様、取引金融機関を通じて行います。

解説

　手形の場合は、手形券面を見てその内容を確認することができますが、電子的な記録で管理される「でんさい」の場合は、開示機能を利用して確認することになります。

　また、「間接アクセス方式」を採用しているでんさいネットでは、記録請求は取引金融機関を通じて行うこととしていますが、開示請求についても、記録請求を行った取引金融機関を通じて行うことになります（したがって、例えば、A銀行を通じて記録請求した「でんさい」については、開示請求する場合もA銀行を通じて行う必要があり、A銀行、B銀行の両方を通じてでんさいネットを利用している場合であっても、B銀行経由で開示請求することはできません）。

　なお、記録請求の方法は、インターネットバンキングを利用した方法、書面による方法など、各参加金融機関によって異なることになりますが（【Q15】参照）、開示請求の方法についても、取引金融機関によってそれぞれ定められることになります。

[インターネットバンキング等を活用した方法]
(IB：インターネットバンキング、FB：ファームバンキング)

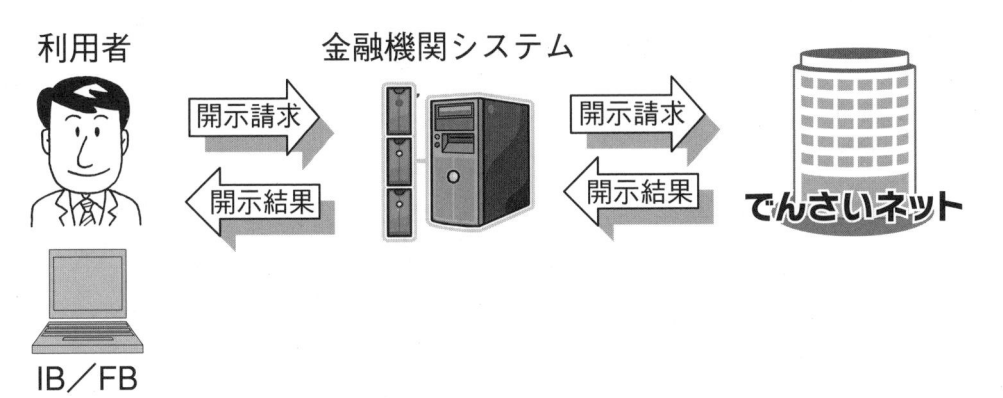

[書面による方法]

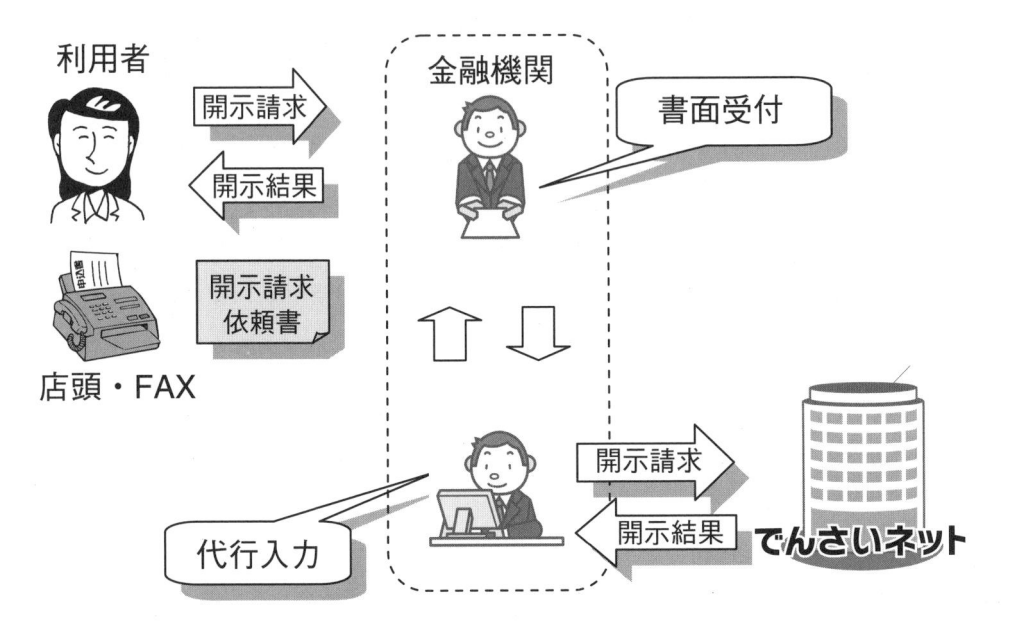

Q43 開示請求によってどのような内容を開示することができますか？大事な取引内容を第三者に知られてしまう心配はありませんか？

A 債務者、最終債権者、保証人は、中間譲受人の名称等を除くすべての記録を開示できます。

中間譲受人は、発生記録および自身が請求した記録についてのみ開示できます。

開示権限者はあらかじめ決められていますので、取引内容を第三者に知られてしまう心配はありません。

解説

　記録内容の開示については、記録上の立場（債務者、最終債権者、保証人、中間譲受人）に応じて、その開示範囲が法律で詳細に定められていますが、他方で、利用者の同意があれば、記録機関が開示範囲等を変更することもできるとされています。

　でんさいネットでは、原則として法律の定めに則って開示することにしていますが、手形券面上知り得る情報（債務者の取引金融機関情報等）については、開示を許容するルールとしています。また、支払等記録がなされ債務者や債権者等ではなくなった後であっても、支払等記録がされる直前の立場に応じて開示することができるようにしています。

　債務者、最終債権者、保証人が開示をする場合は、原則として、中間譲受人の名称等が記録されている譲渡記録を除くすべての記録（発生記録、保証記録、最終の譲渡記録等）を開示することができます（中間譲受人の名称等を記録した譲渡記録は開示されないため、譲渡記録から取引履歴を確認することはできませんが、保証記録はすべて開示対象となります。「でんさい」を譲渡する際は原則として保証記

録もセットで行われますので、通常、中間譲受人は保証人として保証記録に記録されています。【Q31】参照）。

　他方、中間譲受人（過去に債権者であった者）が開示をする場合は、原則として、発生記録および自身が請求した記録（譲渡記録等）についてのみ開示することが可能です。

　なお、記録上の立場については、例えば「保証人兼中間譲受人」となる場合など、一利用者が複数の立場を有するケースもありますが、その場合は、それぞれの立場に応じて開示をすることができます。

　また、利用者は、記録事項のほかに、自身が記録請求にあたってでんさいネットに提供した情報についても開示することが可能です。

　開示対象となる「でんさい」に関係のない第三者は、開示権限者の範囲に含まれませんので、でんさいネットの大事な取引内容を第三者に知られてしまう心配はありません（ただし、金融機関は、その金融機関を通じて当該金融機関利用者が請求した「でんさい」については、開示することができるルールとしています）。

立場別の開示可能範囲

	債務者 最終債権者 保証人	中間譲受人 （過去に債権者であった者）
発生記録	○	○
分割記録	○	自身が請求した記録のみ○
中間の譲渡記録	×	自身が請求した記録のみ○
最新の譲渡記録	○	自身が請求した記録のみ○
保証記録	○	自身が請求した記録のみ○
支払等記録	○	自身が請求した記録のみ○
変更記録	△（※1）	△（※2）
差押等の記録	○	×

（※1）中間の譲渡記録に関する変更記録は×。
（※2）開示可の記録に関する変更記録であれば○。

Q44 「でんさい」は、手形と同様、安心して受け取ることができますか？

A でんさいネットでは、利用者が「でんさい」を安心して受け取れるよう、「1．入口段階」、「2．中間段階」、「3．最終段階」で、それぞれ対応を行っています。
譲渡可能回数等を気にする心配もありません。

解説

1．入口段階（利用者の審査）

　手形を振り出そうとする場合、当座預金口座の開設が必要となりますが、口座開設にあたっては、金融機関で一定の審査（取引停止処分を受けている者でないかなど）が行われています。これにより、手形制度では一定の信頼性が確保されています。でんさいネットの場合も、債務者となる利用者については、利用者要件を満たすことに加え、金融機関で一定の審査を経ることとしています（【Q14】参照）。

2．中間段階（金融機関による利用制限）

　でんさいネットでは、金融機関が利用者との間で利用契約を締結するにあたり、利用可能限度額、契約期間などについて制限を設けることができるようにしています。これは、支払能力を超えて「でんさい」を発生させてしまうことを制限し、無用な支払不能を未然に防止するなどにより、制度の信頼性向上を図ることを目的としたものです（【Q21】参照）。

3．最終段階（支払不能処分制度の整備）

　でんさいネットでは、支払期日に資金不足となった債務者に対して、手形の取引停止処分と同様のペナルティを課す方向で検討中です（【Q40】参照）。債務者に対する支払強制力のある制度を設けることにより、信頼性向上が期待されます。

4．その他（譲渡・分割・保証可能回数の制限など）

　電子記録債権法では、記録機関は、譲渡・分割・保証の各記録にそれぞれ回数制限を設けることができるとされています。しかし、でんさいネットでは、利用者がそのような回数制限を気にすることなく安心して利用できるよう、譲渡・分割・保証に回数制限を設けていません（ただし、譲渡に関しては、譲渡先を金融機関に限定する旨の記録を行うことができることとしています。【Q21】・【Q29】参照）。

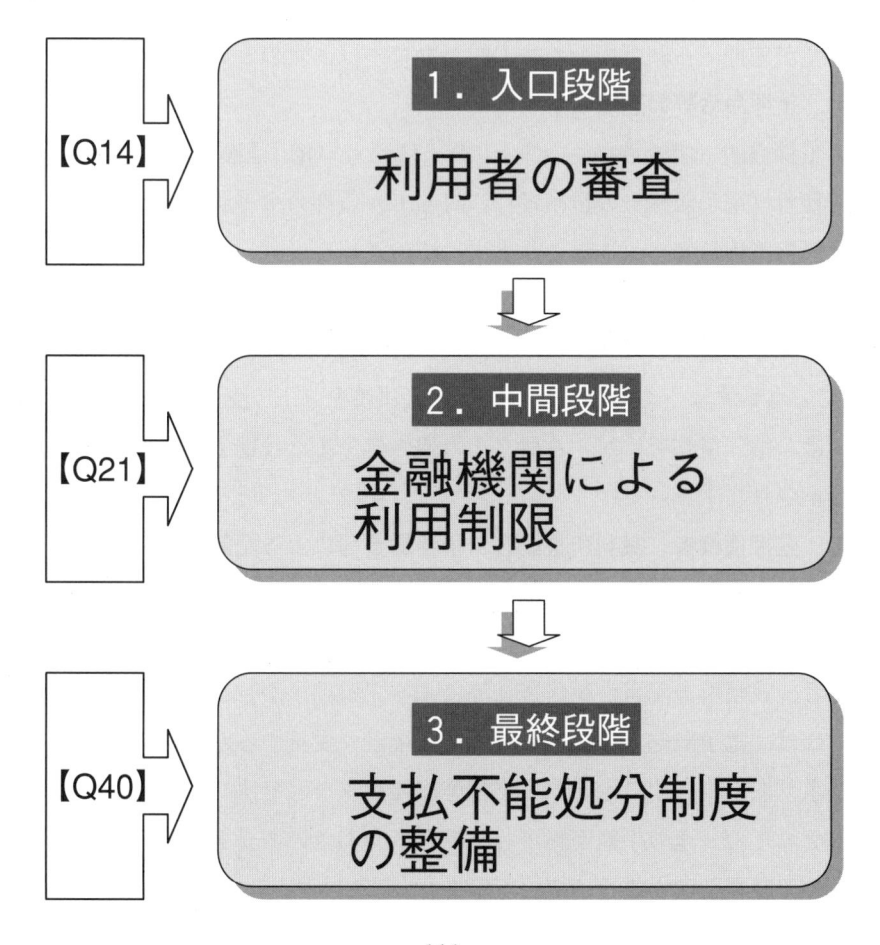

【Q14】 → 1．入口段階　利用者の審査

⇩

【Q21】 → 2．中間段階　金融機関による利用制限

⇩

【Q40】 → 3．最終段階　支払不能処分制度の整備

Q45 「でんさい」に差押えがあった場合、どうなりますか？

A 「でんさい」も、強制執行や滞納処分にもとづく差押えの対象となります。
差押命令等の送達後、電子記録、弁済等が禁止されます。

解説

電子記録債権は金銭債権です。「でんさい」も、預金債権等と同様に強制執行や滞納処分にもとづく差押えの対象となります。「でんさい」が差押えられた場合の基本的なフローは、次のとおりです。

1．差押命令等の送達

記録機関（でんさいネット）、第三債務者（電子記録上の債務者）、債務者（電子記録上の債権者）に対して、差押命令（滞納処分の場合は債権差押通知）が送達されます。この送達を受け、でんさいネットでは、差押命令等の内容を記録するほか、以降の電子記録が原則として禁止されます。また、第三債務者は、弁済をすることが禁止され（でんさいネットの場合は、口座間送金決済をストップします）、債務者は、第三債務者に対する取立その他の処分または電子記録の請求が禁止されます。

2．差押債権者、裁判所書記官、税務署長等による記録請求

転付命令・譲渡命令・売却命令の確定、差押債権者や税務署による取立といった換価手続のほか、第三債務者の供託などを経て、差押債権者、裁判所書記官、税務署長等による記録請求が行われます。具体的には、電子記録上の債権者を差押債権者に変更するための変更記録請求、取立権行使にもとづく支払等記録請求などです。

それらの一連の手続が終了した場合、でんさいネットは、差押命令等の記録を削除する旨の変更記録を行います。

第4章 「でんさい」の手形的活用

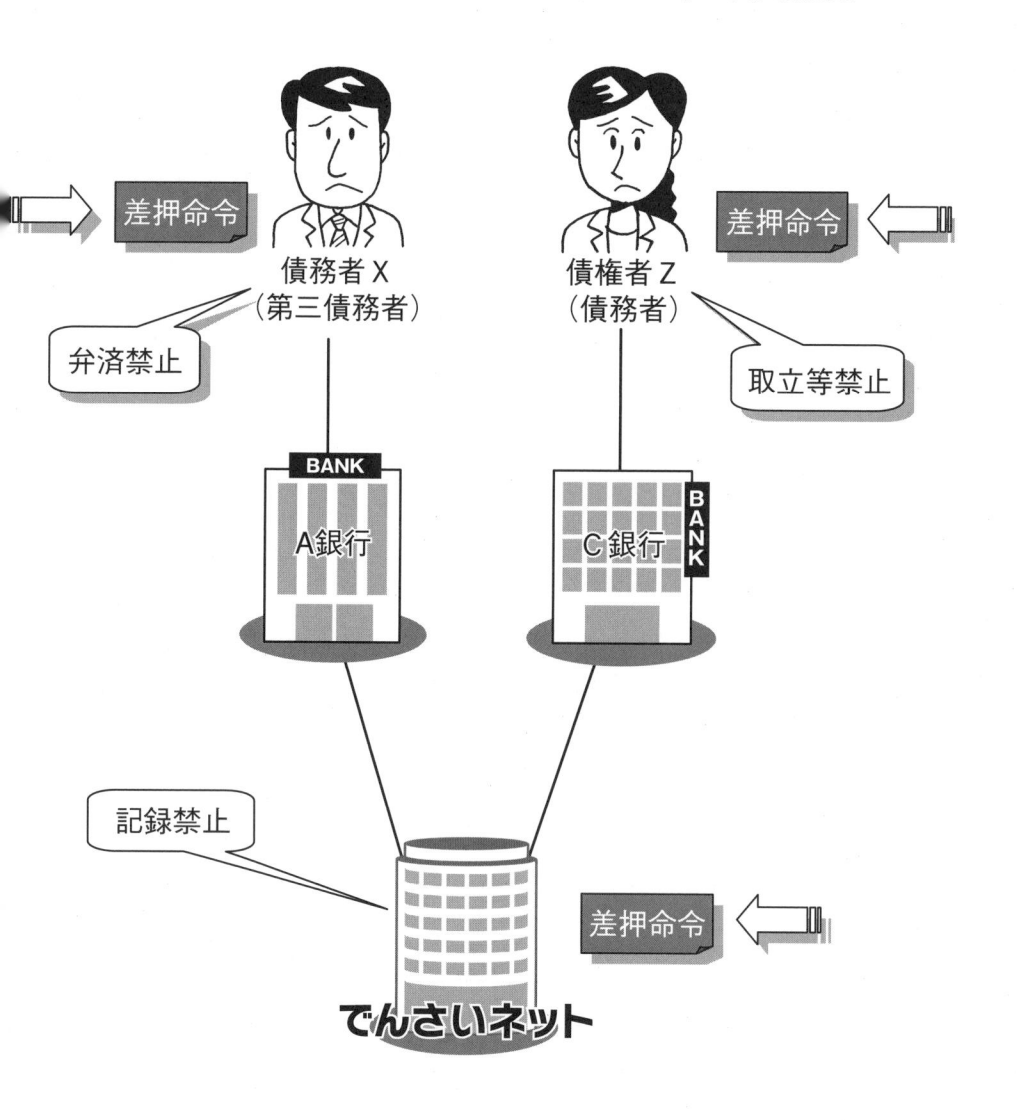

差押命令 ← 債務者X（第三債務者） — 弁済禁止

債権者Z（債務者） 差押命令 ← — 取立等禁止

A銀行　　C銀行

記録禁止 — でんさいネット — 差押命令

※仮差押命令、仮処分命令、没収保全命令等の場合も、基本的なフローは同様です。

Q46 請求内容と異なる内容が記録されていた場合、どうなりますか？記録が改ざんされたり消えてしまったりする心配はありませんか？

A 万が一間違った内容が記録されてしまった場合は、法令の定めにしたがい記録の訂正を行います。

解説

　金融庁の事務ガイドラインでは、記録機関に対して、厳格なシステムリスク対策を講じることが求められています。でんさいネットにおいても、不正アクセスによる記録の改ざんやシステムダウンによる記録の滅失などを防ぐため、種々の対策を講じています。また、金融機関の職員が利用者の記録請求を代行入力する場合でも、誤入力等のミスが生じないよう、厳格な内部管理体制のもと運営されることになります。

　したがって、通常は、請求内容と異なる内容が記録される、あるいは請求したはずの内容が記録されていないといった事態は生じません。

　しかし、万が一そのような事態が発生してしまった場合には、法令の定めにしたがって、記録の訂正・回復を行うことになります。

　なお、訂正・回復を行うにあたり、電子記録上の利害関係を有する第三者（訂正・回復によって、自己の権利内容に影響を受ける者）がいる場合は、その第三者の承諾が必要になります。訂正・回復を行った場合は、その年月日を記録するとともに、訂正・回復した内容を関係者に通知します。

第4章 「でんさい」の手形的活用

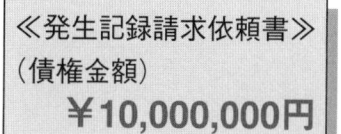

≪発生記録請求依頼書≫
（債権金額）
￥10,000,000円

→

【発生記録】
（債権金額）
￥1,000,000円

金額相違

記録の訂正を実施

【発生記録】
（債権金額）
￥10,000,000円
（訂正日）2010年3月31日

Q47 個人事業主に相続が発生した場合、どのような手続が必要ですか？

A 相続が発生した場合、すべての記録請求が停止されます。一定の手続を行った場合は、相続人による限定的な継続利用が可能です。

解説

　個人事業主に相続が発生した場合は、開示請求を除き、すべての記録請求が停止されます（相続時利用停止。なお、でんさいネットから債務者の取引金融機関に対する決済情報の提供は通常どおり行われますが、口座間送金決済の実施は金融機関の判断となります）。

　相続人全員の同意のもと「利用継続届」が提出された場合は、相続人による継続利用が可能です。ただし、すべての記録請求について、被相続人と同様に行えるわけではありません。具体的には、新規の発生記録、譲受人としての譲渡記録といった、債権・債務の残高を増やすこととなる記録請求については行うことができません。逆に、債権・債務の残高を減らす記録、例えば譲渡人としての譲渡記録や支払等記録については、相続人による記録請求が可能です（相続時利用継続）。

　このような利用制限措置をとった後、すべての「でんさい」に支払等記録がされた段階で、利用者契約が解約されます。

　既存の「でんさい」について相続人名義に変更したい場合は「名義変更届」の提出が必要です。また、相続分に応じた分割を行う場合は、相続人が利用者登録をしたうえで、被相続人から相続人に対する分割譲渡を行うことになります。

　なお、利用者契約解約後であっても、相続人が支払等記録済の債権内容を確認（開示）したい場合は、被相続人の取引金融機関を通じて

第4章 「でんさい」の手形的活用

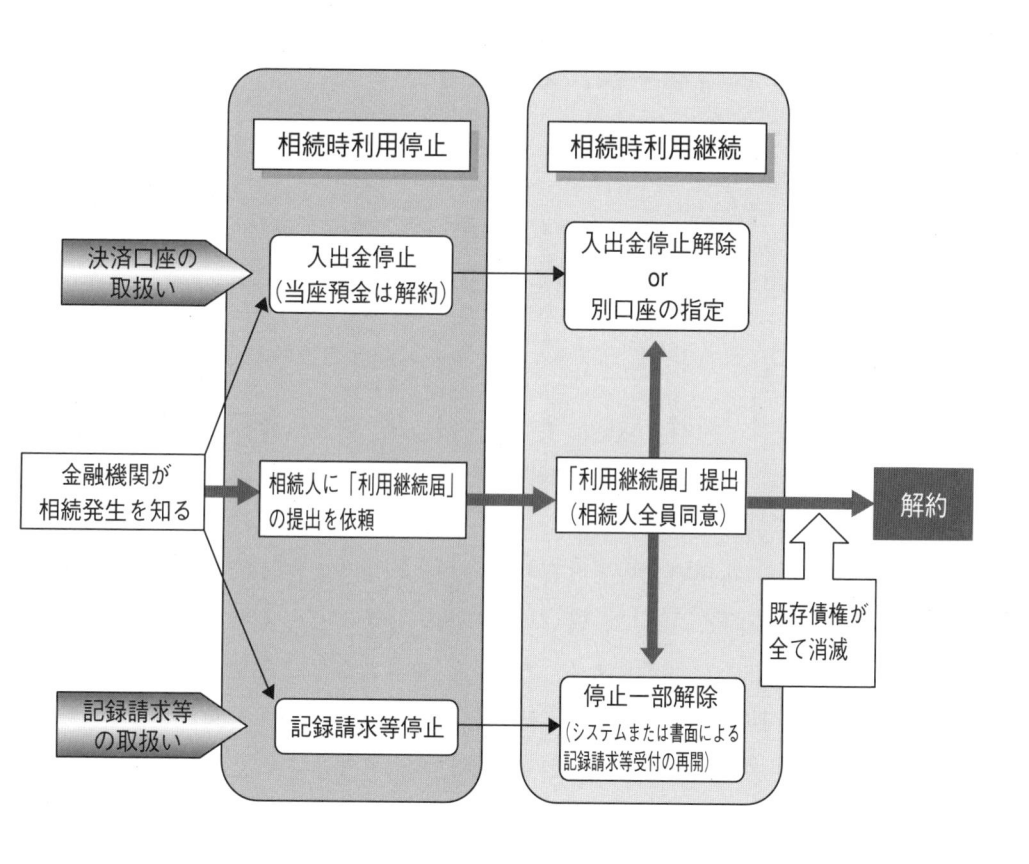

行うことが可能です。

相続時利用停止

- 決済口座の取扱い → 入出金停止（当座預金は解約）
- 金融機関が相続発生を知る → 相続人に「利用継続届」の提出を依頼
- 記録請求等の取扱い → 記録請求等停止

相続時利用継続

- 入出金停止解除 or 別口座の指定
- 「利用継続届」提出（相続人全員同意）
- 停止一部解除（システムまたは書面による記録請求等受付の再開）

→ 解約（既存債権が全て消滅）

Q48 法人に合併や会社分割が生じる場合、どのような手続が必要ですか？

A 合併や会社分割が生じる場合は、でんさいネットに届出が必要です。
承継者は、でんさいネットと取引金融機関の確認を経たうえで、引き続き利用者として利用することができます。

解説

　法人に合併（新設・吸収）または会社分割（新設・吸収）に伴う一般承継が発生する場合は、金融機関を通じて、でんさいネットに届出が必要です。

　承継者は、新規の利用者登録時と同様、利用者要件に関する一定の確認・審査を経たうえで、特に問題がない場合は、引き続き利用者として利用することができます。ただし、承継者が債務者利用停止措置（【Q14】参照）中であるなどの理由により、利用者要件を満たさない場合は、利用の範囲が制限される可能性もあります（例えば、新規の発生記録等を禁止し、債権者としての利用のみ認めるなど）。

　なお、既存の「でんさい」については、一律に承継者名義に変更されることになります（債務者を支払者とする支払等記録がなされた「でんさい」については、変更記録は行われません）。

第4章 「でんさい」の手形的活用

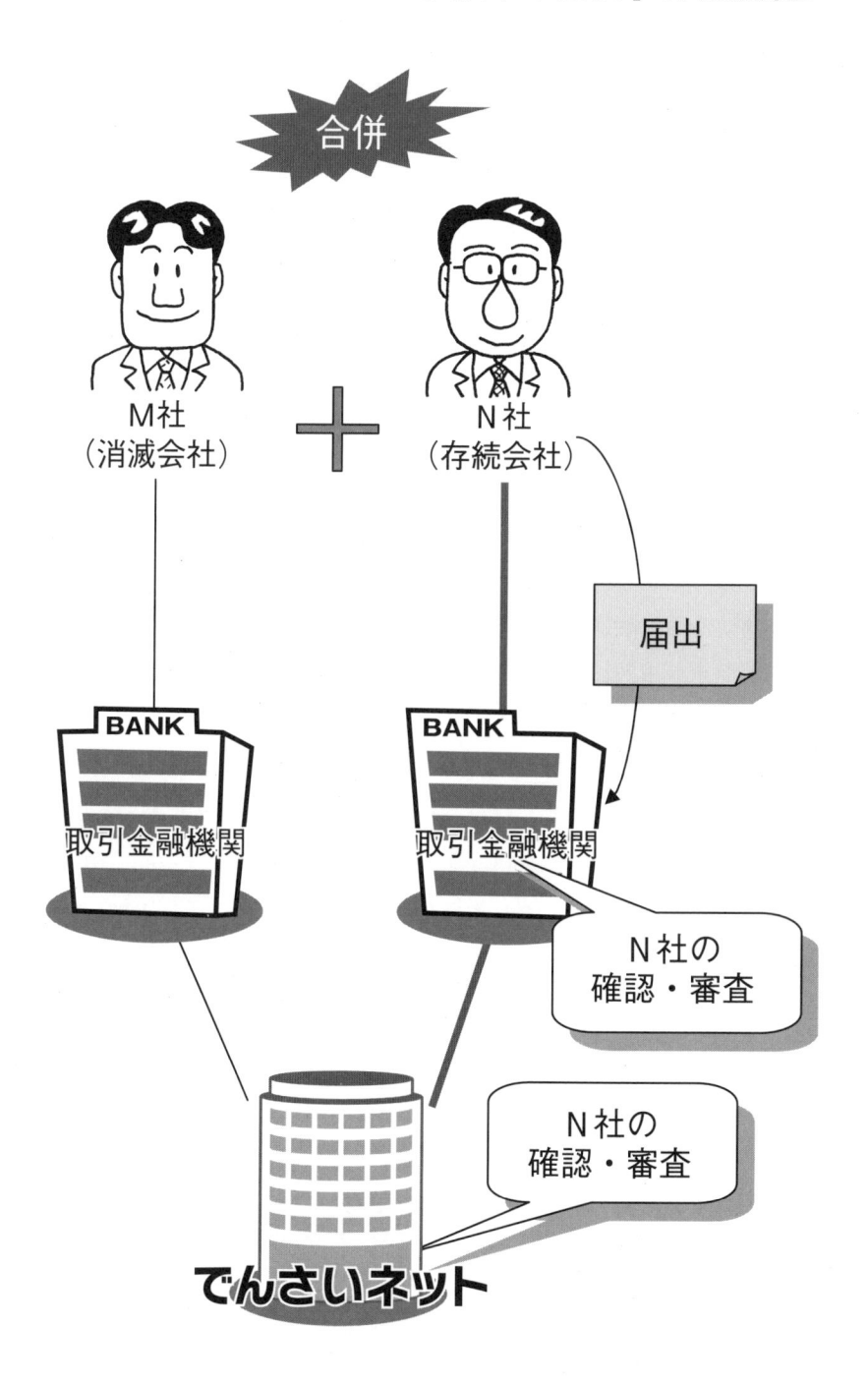

Q49 災害や障害発生時の対応について教えてください。

A 災害や障害が発生した場合は、バックアップシステムにより業務を継続します。

解説

　電子記録債権は、記録機関が管理する記録原簿に記録しない限り、発生、譲渡などを行うことができません。したがって、記録機関に対しては、システム障害に対するリスク管理態勢の整備のほか、災害発生を想定したコンティンジェンシープラン（緊急時対応計画）の策定および適切な体制整備が求められています。

　でんさいネットでは、通常運用しているメインシステムのほかに、遠隔地にバックアップシステムを構築することにしています（さらに、それぞれ機器類の二重化を図っています）。広域災害等によりメインシステムでの業務継続が難しい場合は、バックアップシステムへの切り替えによって代替運用を行います。

　また、「間接アクセス方式」を採用しているでんさいネットでは、金融機関システムにおいて局所的に災害・障害が発生するケースも想定されます。そのような事態が生じた場合についても、利用者への影響を極力抑えるため、金融機関からでんさいネットに対して別途の経路で記録請求ファイルを送付するといった方法により、可能な限り業務の継続を図ることを想定しています。

　災害・障害発生時の対応については、日頃から不測の事態を想定した訓練を行っておくことが重要です。でんさいネットでも、定期的に災害訓練、バックアップシステムへの切替試験などを行う予定です。

第4章 「でんさい」の手形的活用

[プライマリーセンターで災害が発生したケース]

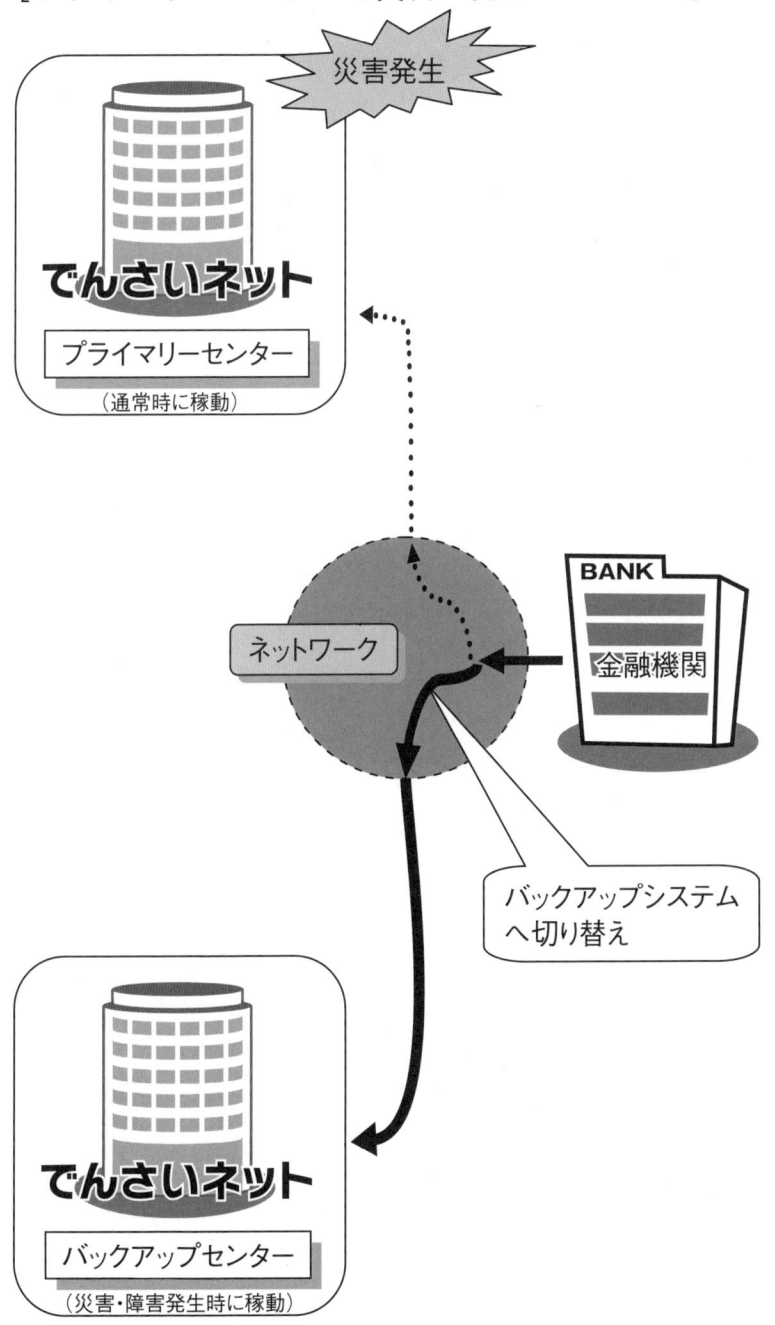

災害発生

でんさいネット
プライマリーセンター
（通常時に稼動）

ネットワーク

金融機関

バックアップシステムへ切り替え

でんさいネット
バックアップセンター
（災害・障害発生時に稼動）

Q50 利用者の破産など、利用開始後に利用者要件を満たさなくなった場合、どうなりますか?

A 利用者要件を満たさなくなった場合、利用者契約は強制解約されます。
その者が債務者等になっている「でんさい」が残っている場合は、新規の発生記録等が制限された後、強制解約されます。

解説

でんさいネットを利用するためには、一定の利用者要件を満たす必要があります(【Q14】参照)。しかし、いったん利用を開始した利用者が、利用者登録後、破産などにより利用者要件を満たさなくなってしまうケースも想定されます。そのように、利用者としての要件を満たさなくなった者については、原則として利用者契約が強制解約されることになります。

ただし、その者が債務者や債権者、保証人になっている「でんさい」が残っている場合は、記録請求を一定範囲に制限する措置(利用制限措置)をとったうえで、すべての債権が消滅した段階で強制解約されます。具体的には、相続発生時の取扱いと同様(【Q47】参照)、新規の発生記録、譲受人としての譲渡記録といった債権・債務の残高を増やす記録請求は制限され、逆に、譲渡人としての譲渡記録や支払等記録のように、債権・債務の残高を減らす記録についてのみ行うことができます。

そのような利用制限措置をとった後、すべての「でんさい」に支払等記録がされた段階で、その利用者との利用者契約は強制解約されます。なお、利用者契約解約後の「元利用者」であっても、債権内容の確認(開示)については、従来の取引金融機関を通じて行うことが可能です。

第4章 「でんさい」の手形的活用

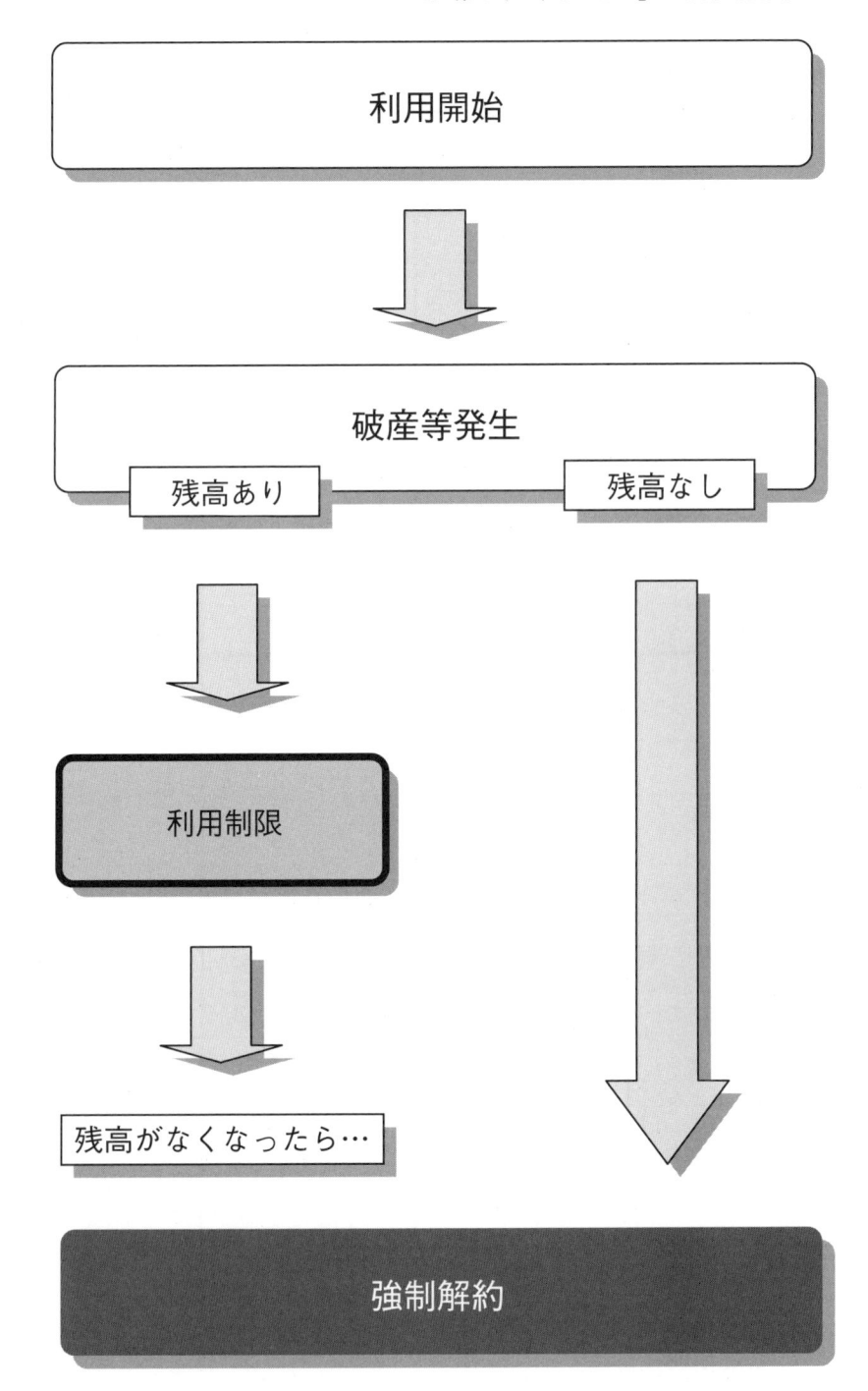

```
┌─────────────────────────┐
│        利用開始          │
└─────────────────────────┘
            ↓
┌─────────────────────────┐
│       破産等発生         │
│ [残高あり]    [残高なし] │
└─────────────────────────┘
     ↓                ↓
 ┌────────┐           │
 │ 利用制限 │          │
 └────────┘           │
     ↓                │
 残高がなくなったら…    │
     ↓                ↓
┌─────────────────────────┐
│        強制解約          │
└─────────────────────────┘
```

-123-

[利用者に対する利用停止・制限・解約の取扱い]

	正常利用時		債務者利用停止（支払不能処分制度）
	債務者として「でんさい」を発生させる利用者	債権者となるだけの利用者	
口座間送金決済の取扱い（債務者）	○	×	○／×（金融機関の判断による。決済口座がない場合は×）
口座間送金決済の取扱い（債権者）	○	○	○
支払等記録（口座間送金決済時）	○	○	○
支払不能処分制度	適用あり	適用なし	処分済
異議申立手続	○	×	×（※１）
発生記録請求（債務者）	○	×	×
発生記録請求（債権者）	○	○	○
譲渡記録請求（譲渡人）	○	○	○
譲渡記録請求（譲受人）	○	○	○
保証記録請求（譲渡を伴わずに自身が保証人となるもの）	○	×	×
変更記録請求	○	○	○
支払等記録請求（口座間送金決済以外）	○	○	○
開示請求	○	○	○

（※１）支払不能処分制度のカウント対象となった「でんさい」以外については、債務者利用停止措置中であっても異議申立可。
（※２）民事再生手続、会社更生手続等に伴う利用制限の場合は、譲渡人としての譲渡記録請求は不可。

利用停止・制限・解約			
利用制限 （既存残高あり）	相続時利用継続 （既存残高あり）	相続時利用停止	強制解約 （既存残高なし）
○／× （金融機関の判断による。決済口座がない場合は×）	○／× （金融機関の判断による）	○／× （金融機関の判断による）	×
○／× （決済口座がない場合は×）	○／× （金融機関の判断による）	○／× （金融機関の判断による）	×
○	○	○／×	×
適用あり	適用なし （債務者死亡）	適用なし （債務者死亡）	適用なし
○／× （口座間送金決済を行わない場合は×）	×	×	×
×	×	×	×
×	×	×	×
○（※2）	○	×	×
×	×	×	×
×	×	×	×
○	○	×	×
○	○	×	×
○	○	○	○

（○：利用可、×：利用不可）

Q51 手形割引のように、「でんさい」の割引をすることはできますか？

A 金融機関に「でんさい」を譲渡することにより、手形割引のように「でんさい割引」を行うことも可能です。割引業務の実施有無、実施している場合の具体的な手続等は、金融機関によって異なります。

解説

　手形割引とは、手形の額面金額から支払期日までの利息に相当する金額（割引料）を差し引いた価格で手形を買い取ることであり、金融機関が行う与信業務の中で最も一般的なものといえます。「でんさい」の場合も、手形のように割引による資金調達への活用が可能です。

　手形割引の場合は、債権者が所持している手形を金融機関に裏書譲渡しますが、「でんさい割引」の場合は、「でんさい」の債権者が金融機関を譲受人とする譲渡記録を行うことになります。

　なお、割引業務は、でんさいネットとしての業務ではなく、金融機関が行う与信業務のひとつです。したがって、割引業務の実施有無、実施している場合の割引可否の判断、割引の申込から実行までの具体的な手続などについては、各金融機関がそれぞれ定めることになります。例えば、割引の申込方法、割引申込書のフォーム（書面で申し込む場合）、割引金額の上限を定めた極度管理の実施、割引料の徴収方法などについては、金融機関によって対応が異なる可能性があります。

　また、割引依頼人に期限の利益喪失事由（例えば破産手続の開始）が生じた場合や、債務者に支払不能が生じた場合についても、その対応は各金融機関と割引依頼人との約定によって定められることになります。

第4章 「でんさい」の手形的活用

【発生記録】
(債権者情報)
・名称…Y社　代表者y

➡

【譲渡記録】
(譲受人情報)
・名称…B銀行

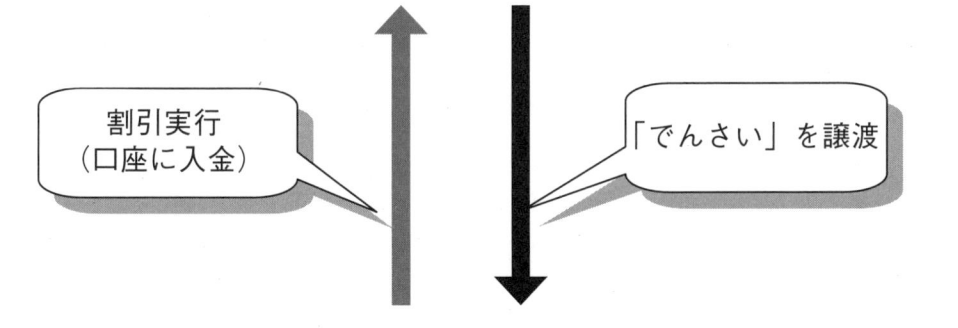

Y社
(割引依頼人)

割引実行
(口座に入金)

「でんさい」を譲渡

B銀行
(割引銀行)

Q52 商業手形担保のように、「でんさい」を担保として活用することはできますか？

A 金融機関に「でんさい」を譲渡することにより、商業手形担保のように「でんさい担保」として活用することも可能です。

担保業務の実施有無、実施している場合の具体的な手続等は、金融機関によって異なります。

解説

　手形を活用した金融機関の与信業務としては、手形割引（【Q51】参照）のほか、手形（商業手形）を担保として活用する融資形態もあります。

　商業手形担保貸付の場合、手形の所持人（担保提供者）は、金融機関に手形を裏書譲渡して（担保として差し入れて）資金調達に活用しますが、「でんさい」の場合は、「でんさい」の債権者（担保提供者）が金融機関を譲受人とする譲渡記録を行うことになります。

　商業手形担保の取引形態としては、例えば、①貸付金の期日を手形の支払期日に関係なく定め、貸付金の一定割合の手形を常時担保として提供してもらう、②手形の支払期日と貸付金の支払期日を同日とする、といった形態がありますが、「でんさい担保」の場合も、担保の提供方法こそ異なるものの、同様の取引形態が想定されます。

　なお、担保業務についても、割引業務と同様、でんさいネットとしての業務ではなく、金融機関が行う与信業務のひとつですので、担保業務の実施有無、実施する場合の取引形態や具体的な手続などについては、各金融機関がそれぞれ定めることになります。

　また、担保提供者に期限の利益喪失事由が生じた場合や、「でんさい」の債務者に支払不能が生じた場合の対応が各金融機関と担保提供

第4章 「でんさい」の手形的活用

者との約定によって定められることについても、割引の場合と同様です。

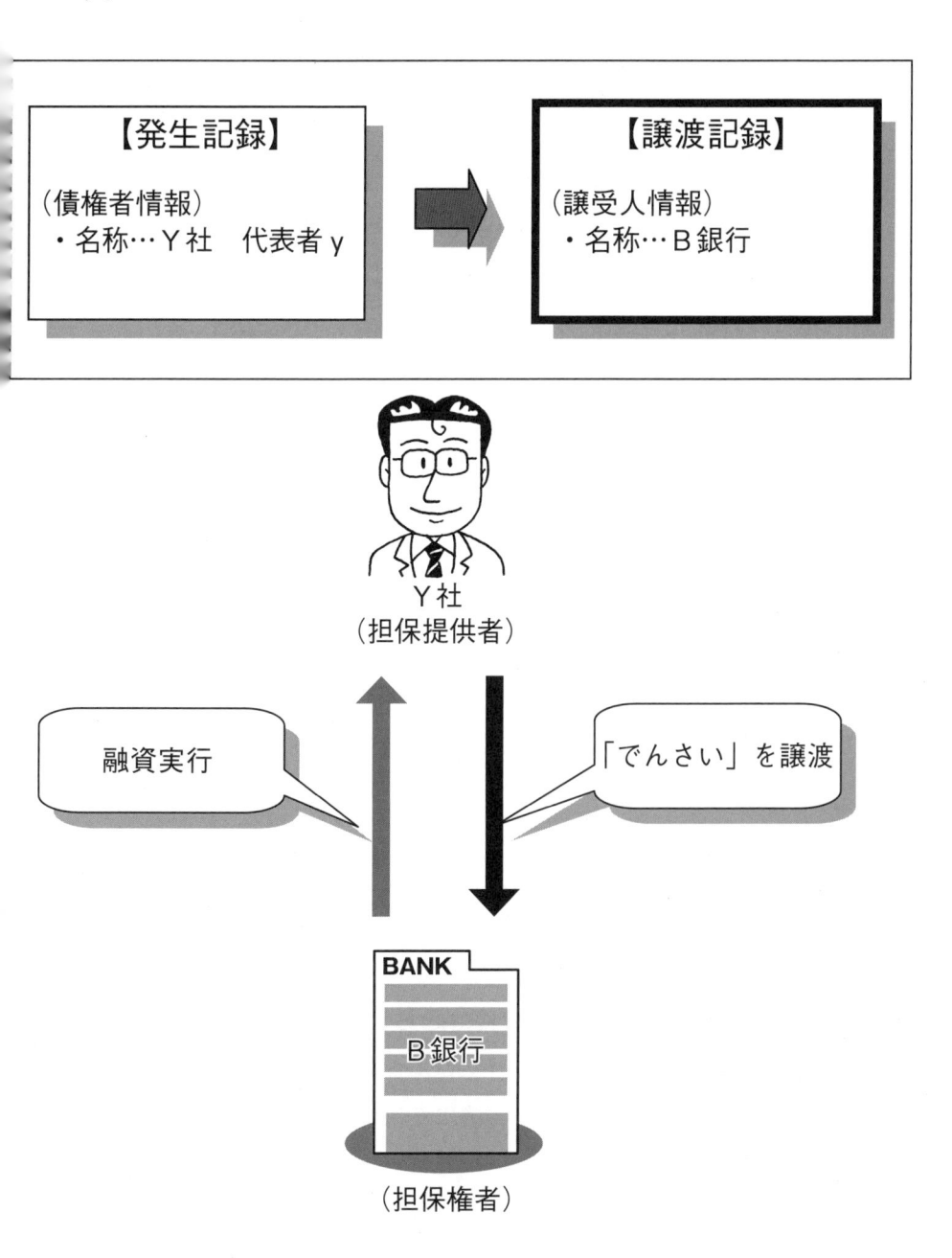

【発生記録】
（債権者情報）
・名称…Y社　代表者 y

【譲渡記録】
（譲受人情報）
・名称…B銀行

Y社
（担保提供者）

融資実行

「でんさい」を譲渡

B銀行

（担保権者）

-129-

Q53 手形貸付のように、「でんさい」を利用した貸付（借入）はできますか？

A 借入人を債務者、貸付人（金融機関）を債権者とする「でんさい」を発生させることにより、手形貸付のように「でんさい貸付」として活用することも可能です。
貸付業務の実施有無、実施している場合の具体的な手続等は、金融機関によって異なります。

解説

　手形貸付とは、借用証書の代わりに、借入人を振出人、貸付人（金融機関）を受取人（債権者）とする約束手形を振り出し、金融機関に差し入れる貸付形式であり、手形割引（【Q51】参照）とともに金融機関の最も基本的な与信形態のひとつです。

　手形的利用を想定しているでんさいネットの「でんさい」でも、借入人を債務者、貸付人（金融機関）を債権者とする「でんさい」を発生させることにより、手形貸付のように「でんさい貸付」として活用することができます（ただし、でんさいネットでは、利息や遅延損害金などを記録することはできないため、それらはでんさいネットの制度外で管理されることになります）。

　なお、貸付業務についても、割引業務、担保業務（【Q52】参照）と同様、でんさいネットとしての業務ではなく、金融機関が行う与信業務のひとつですので、貸付業務の実施有無、実施する場合の具体的な手続などについては、各金融機関によってそれぞれ定められます。借入人に期限の利益喪失事由が生じた場合などの対応が各金融機関と借入人との約定によって定められることについても、割引や担保の場合と同様です。

第4章 「でんさい」の手形的活用

【発生記録】

（債務者情報）
・名称…X社　代表者x

（債権者情報）
・名称…A銀行

X社
（借入人）

融資実行

「でんさい」の発生

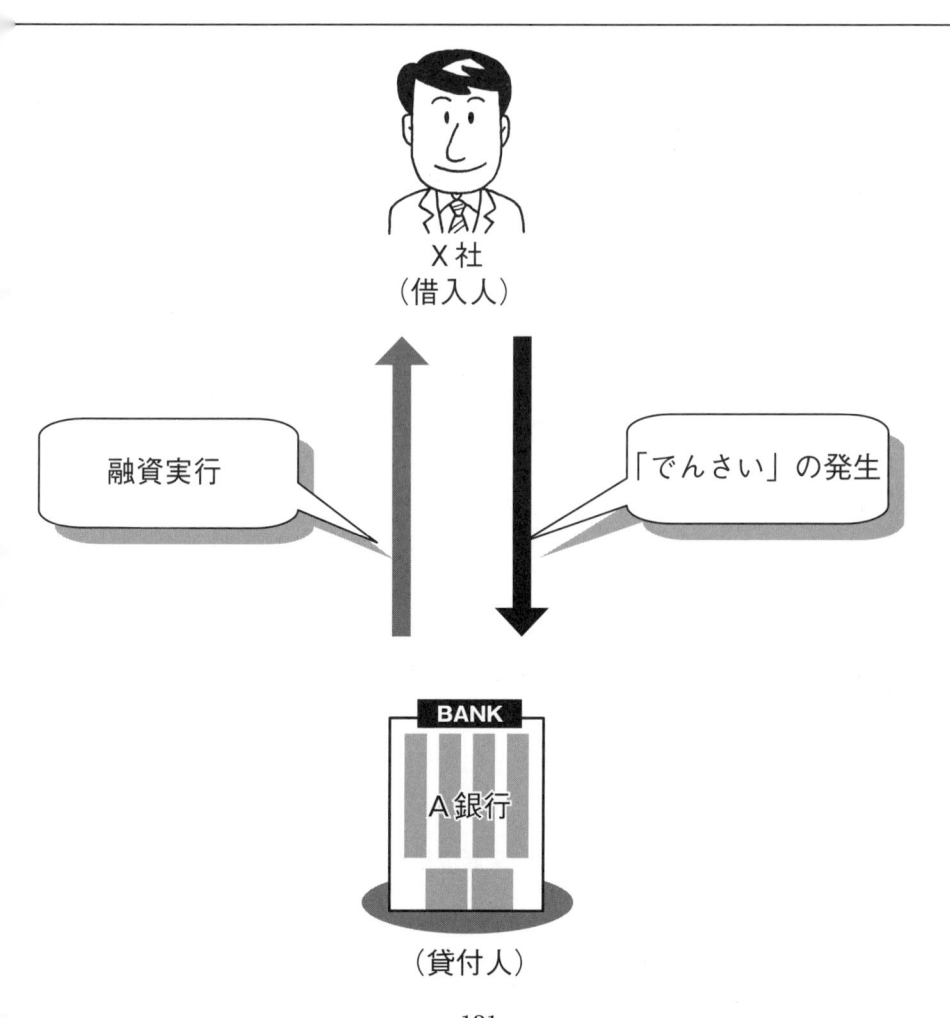

A銀行
（貸付人）

Q54 「でんさい」の会計上の取扱いはどうなりますか？

A 会計処理上は、手形に準じて取扱うこととされています。

解説

電子記録債権の会計上の取扱いについては、公益財団法人財務会計基準機構の企業会計基準委員会から、2009年4月9日に「実務対応報告第27号　電子記録債権に係る会計処理及び表示についての実務上の取扱い」が公表されています。

同報告によれば、「電子記録債権は、紙媒体ではなく電子記録により発生し譲渡され、分割が容易に行えるなど、手形債権と異なる側面があるものの、手形債権の代替として機能することが想定されており、会計処理上は、今後も併存する手形債権に準じて取り扱うことが適当であると考えられる」とされていますので、会計処理上は、これまでの手形と同様に取り扱えばよいことになります。

例えば、売掛金（買掛金）に関連して電子記録債権を発生させた場合は、「売掛金」を「電子記録債権」に振り替える（または、「買掛金」を「電子記録債務」に振り替える）といった処理を行うことになります。また、貸付金や借入金等については、現行の企業会計上、「証書貸付」や「手形貸付」等に区分掲記せず、「貸付金」、「借入金」等と表示していることから、それらに関連して電子記録債権を発生させたとしても、科目は振り替えないことになります。

なお、区分掲記される取引であっても、重要性が乏しい場合（全体に占める割合が低い場合）には、手形債権に含めて表示することができるとされています。

売掛金に関連して電子記録債権を発生させ譲渡した場合の会計処理

(1) 債権者

① 商品100の売買

| (借) 売　掛　金 | 100 | (貸) 売　　　上 | 100 |

② 発生記録により、電子記録債権100が発生した場合

| (借) 電 子 記 録 債 権 | 100 | (貸) 売　掛　金 | 100 |

③-1 譲渡記録により、電子記録債権を現金95と引換えに譲渡した場合

| (借) 現　　金 | 95 | (貸) 電 子 記 録 債 権 | 100 |
| 　　　電子記録債権売却損 | 5 | | |

③-2 譲渡記録により、電子記録債権を買掛金100と引換えに譲渡した場合

| (借) 買　掛　金 | 100 | (貸) 電 子 記 録 債 権 | 100 |

③-3 債権100が決済された場合

| (借) 現　　金 | 100 | (貸) 電 子 記 録 債 権 | 100 |

(2) 債務者

① 商品100の売買

| (借) 仕　　入 | 100 | (貸) 買　掛　金 | 100 |

② 発生記録により、電子記録債権に係る債務100が発生

| (借) 買　掛　金 | 100 | (貸) 電 子 記 録 債 務 | 100 |

③-1 債権者が、譲渡記録により、電子記録債権を現金95と引換えに譲渡した場合

| 仕訳なし |

③-2 債権者が、譲渡記録により、電子記録債権を買掛金100と引換えに譲渡した場合

| 仕訳なし |

④ 債務100の決済

| (借) 電 子 記 録 債 権 | 100 | (貸) 現　　金 | 100 |

(出典：公益財団法人財務会計基準機構　企業会計基準委員会　「実務対応報告第27号　電子記録債権に係る会計処理及び表示についての実務上の取扱い」より抜粋)

Q55 他の電子債権記録機関で発生させた電子記録債権を、でんさいネットで利用することはできますか？

A 他の電子債権記録機関で発生した電子記録債権は、でんさいネットで利用することはできません。

解説

　法律上、電子債権記録機関は、複数設立されることも想定されています。また、電子記録債権は、手形代替としての活用方法のほか、一括決済方式への活用、シンジケート・ローン等の融資契約への活用など、様々な活用方法が想定されています。

　つまり、電子記録債権制度は、特定の利用方法のみを想定して創設されたものではなく、記録機関の工夫によって、利用者のニーズに合わせた様々なサービスが提供できる制度となっています。

　記録機関の設立を巡る動きとしては、現在、すでに開業している記録機関もあるほか、社会インフラを指向するでんさいネットのように、開業に向けて準備を進めている記録機関もあるなど、複数の記録機関が設立される予定です。これらの記録機関は、それぞれが独自のビジネスモデルを構築し、提供するサービス内容を踏まえて別々にシステムを開発していますので、利用するための要件や、記録される内容なども異なります。

　したがって、他の電子債権記録機関で発生した電子記録債権については、でんさいネットで利用することはできません。でんさいネットで新たに「でんさい」を発生させる必要があります。

第4章 「でんさい」の手形的活用

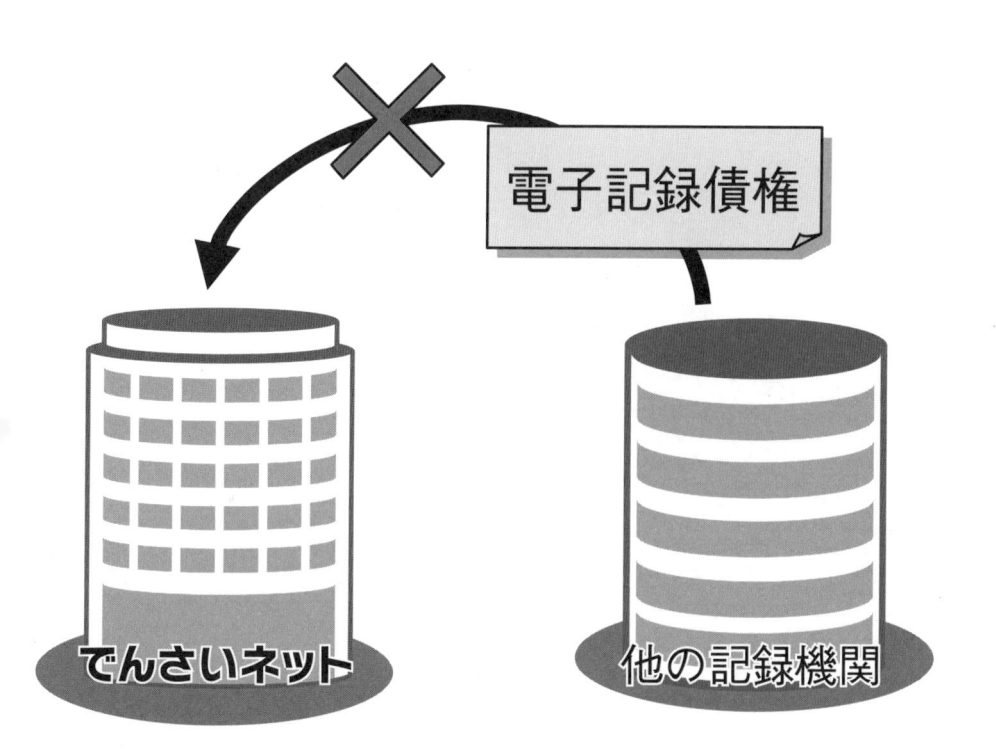

電子記録債権

でんさいネット　　他の記録機関

図解　全銀協の電子債権記録機関「でんさいネット」による
電子記録債権の実務Q&A

平成22年3月24日　初版発行　　　　　　　＜検印省略＞
1刷　平成22年3月24日
6刷　平成24年5月10日

著　者　全国銀行協会　電子債権記録機関設立準備室

発行者　土師　清次郎
　　　　（はじ　せいじろう）

発行所　株式会社　銀行研修社

東京都豊島区北大塚3丁目10番5号
電話　東京03(3949)4101（代表）
http://www.ginken.jp
振替　00120-4-8604番　〒170-8460

印刷／神谷印刷株式会社
製本／常川製本　　　　　　　ISBN 978-4-7657-4321-1　C2033
落丁・乱丁本はおとりかえ致します。
2010©Printed in Japan　無断複写複製を禁じます。
★定価は表紙に表示してあります。

謹告　本書掲載記事の全部または一部の複写、複製、転記転載および磁気または光記録媒体への入力等は法律で禁じられています。これらの許諾については弊社・秘書室（TEL03-3949-4150直通）までご照会下さい。